大前研一通信・特別保存版 Part. X

答えのない世界
グローバルリーダーになるための未来への選択

大前　研一
ビジネス・ブレークスルー出版事務局
編著

ビジネス・ブレークスルー出版

はじめに：「答えのない世界」での未来への選択とは

　トランプ米大統領の就任、英国の EU 離脱（Brexit）など、益々、混迷し未来を予見することが困難な 21 世紀のグローバル社会は、まさしく本書のタイトルでもある「答えのない世界」と言えるのではないでしょうか。数多くの著作で一貫して日本の改革を訴え続けてきた大前研一は、本書の中でこう述べています。

　「IoT やフィンテックのように、21 世紀は新しい産業がどんどん生まれてくる。あらゆる産業がテクノロジー化する、と考えて間違いない。既存の労働集約的な産業は、人件費の安い優秀な国へと必ず移っていく。イギリスで始まった産業革命の歴史とはそういうものだった。人口が減少し、人件費の高い日本が既存の領域で再び競争力を持つことはありえない。さらなる成長を遂げるには、新しい分野への挑戦が不可欠だ。＜中略＞　今の教育制度では野心に満ちた日本人は育たない。欧米に追いつけ追い越せの時代の教育だからだ。答えがあって、それを早く覚えて問題を解いた人が評価される。教えられたことしか覚えない姿勢がしみ付いていると、21 世紀のデジタル新大陸では戦えない。これからのビジネスで問われるのは、答えのない世界でどう生きていくかだ。」〈摩擦はなくなったが日本の存在感は低下（週刊　東洋経済　2016/11/12 号）本書 P.15-16 より〉

　本書の第 1 章では、この書籍シリーズの元になっている会員制月刊情報誌「大前研一通信」から、米大統領選後の日本の行く末から見る、今後必要となる人材像、また、企業とこれからの人材育成を俯瞰した上での 21 世紀に求められる人材の要件を、そして国家と企業の未来や、取り巻く環境の変化への洞察、日本の教育の見直しを警鐘したメッセージ

などを中心にご紹介しています。第2章、第3章では、答えのない21世紀の世界で生き抜くための幼少期からの子供の学びに関して、より深く訴求し、生涯学び続ける人材を生み出す教育体系として政府もその拡大推進に舵を切り注目を集める国際バカロレア（IB）教育をはじめ、大前研一を学長とするビジネス・ブレークスルー（BBT）大学、大学院の取組みに、「結果を出せる英語力」を養成する教育プログラムや企業への導入事例なども含めてご紹介しています。

　21世紀の「答えのない世界」で、どういった未来への選択をすべきか。国際的に活躍・貢献できるようなリーダー育成を、幼児から大人（経営者）まで三世代に渡り支援する生涯教育プラットフォームでもあるBBTを設立した大前研一の発信や、本書の多くのメッセージが、子育て世代の皆さんの子供たち、また、貴方自身への「未来への選択」の一助となれば幸いです。

　2017年2月

大前研一通信／アオバジャパン・インターナショナルスクール

小林　豊司

目次

はじめに：「答えのない世界」での未来への選択とは　*1*

第1章：21世紀に求められる人材　*9*

1．親は教育に「お金」ではなく「時間」をかけねばならない　*10*
　　◎教育に使ったお金と成果は全く比例しない　*10*
　　◎学校の成績や偏差値は正しい指標にはなり得ない　*11*
2．摩擦はなくなったが日本の存在感は低下　*13*
3．21世紀の人材戦略　*17*
　（1）ボーダレスワールドを生き抜く武器「クラウドソーシング」を使いこなせ　*17*
　　◎21世紀は「人材が全て」である　*17*
　　◎世界中にあふれる才能ある人材たち　*18*
　　◎21世紀に生き残れる企業、取り残される企業　*20*
　　◎若者よ、クラウドソーシングを活用せよ　*21*
　　◎働く人、企業、どちらにも必要な21世紀の人材戦略　*23*
　（2）21世紀の人材戦略──ボーダレス経済の要諦「世界最適化」に対応すること　*25*
　　◎人材を自前で揃える必要のない時代に人をどう採りどう育てるか　*25*
　　◎日本の採用制度の問題を整理する　*28*
　　◎欧米グローバル企業は経営者人材を育成する仕掛けが整っている　*31*
　　◎21世紀のボーダレス経済の中で企業がとるべき人材戦略とは　*34*
4．突出した個人の時代に求められる「コンセプト力」　*38*
　　◎成功者と脱落者を分ける「3つの質問」　*38*

◎全体的な思考能力＋新しいものを発想していく能力　*40*
◎コンセプトなき教育がもたらした日本の悲劇　*42*
◎グローバル経済拡大の中で世界で勝負できる人材がいない　*44*
◎思い込みの思考からいかに脱却するか　*46*
◎自分とまったく違う発想をする人間とタッグを組む　*47*
◎「突出した個人の時代」である21世紀に生き残るために　*49*

5．21世紀型子育てのすすめ　*51*
　(1)「好きなことをやる」と日本人はけっこう優秀な素地がある　*51*
　　◎日本の教育制度は平均値の高い均質な国民を作り続けてきた　*51*
　　◎放っておいてもよくならない。自衛するしかない　*52*
　　◎たとえば、桐朋の音楽学部……ヒントは既に日本の中にある　*53*
　(2)「有名大学→大企業→生活安泰」はいまや完全な幻想になった　*54*
　　◎クラスメートで最初に解雇される人になる　*54*

第2章：子ども編──21世紀を生き抜くための子どもの学び　*55*

1．子どもたちが生きる21世紀におこりうる未来　*56*
　◎GDP　*57*
　◎人口減少　*57*
　◎高齢化　*58*
　◎労働生産性　*58*
　◎海外人口比率　*58*
　◎社会　*59*
　◎子どもたちの学びへの示唆　*59*

【コラム】子ども英語教育特集――早期から学ぶことの大切さ　*60*

2. 変化する21世紀の教育とライフタイム・エンパワーメント　*63*

2.1. おこりつつある教育の変化　*63*

2.2. ライフタイム・エンパワーメント　*65*

2.3. 生涯学び続ける人を育てる　*67*

◎好奇心　*68*

◎自己効力感　*69*

◎ ZPD（Zone of Proximal Development）――発達の最近接領域　*71*

【コラム】 Beautiful Oops! and the Importance of Making Mistakes 『やっちゃった・・・でもだいじょうぶ！』と間違えることの大切さ　*72*

3. 国際バカロレア　－生涯学び続ける人材を生み出す教育体系－　*75*

3.1. 国際バカロレアとは　*75*

3.2. IB-PYP とは　*76*

◎ PYP のカリキュラムフレームワーク　*77*

3.3. 何を学ばせたいのか――指導計画　*78*

◎知識　*79*

◎教科横断型の学び　*80*

【コラム】 動物をテーマにした探究型学習　*81*

◎概念：何を理解してほしいのか　*85*

◎スキル：私たちは生徒に何ができるようになってほしいのか　*86*

◎態度：私たちは生徒に何を感じ、何を重んじ、何を示してほしいのか　*87*

◎行動：私たちは児童にどのように行動してほしいのか　*88*

3.4. どうしたらよい学習ができるか――授業の方法　*89*

◎探究型学習の構成要素　*89*

◎好奇心と探究を誘発する質問のつくり方　*90*

◎PYP の環境設定　*92*
　　◎幼児期の学びと遊びの関係　*92*
　　◎ラーニング・センター　*94*
　　◎幼児教育の大規模研究からの知見　*96*
　　【コラム】　未来の Makers を育成するプロジェクト学習　*97*
　3.5. 評価計画　*100*
　　◎評価 - 学んだかどうかを確認するには　*101*
　　◎記録　*101*
　　◎ルーブリック：　*103*
　　◎ポートフォリオ　*104*
　　【コラム】　光と影からアプローチした探究型学習から多くを学ぶ　*105*
　　◎報告　評価をどのようにフィードバックするか　*107*
　4．まとめ──家庭学習での適用　*108*
　　◎環境設定　*109*
　　◎対話と支援　*109*
　　◎国際的視野　*110*

第3章：世界に通用するグローバルリーダーの育成を目指して　*111*

　　──インターナショナルスクールで認定校が相次ぐ
　1．"国際バカロレア" 本格導入で日本の教育はどう変わる？　*112*
　　◎IB 教育は時代を生き抜く力を養う　*113*
　　◎進む IB 教育導入でインターの役割とは　*114*
　　　国際バカロレアとは？　*115*
　　◎国内大学における IB 入試導入状況　*115*
　　【レポート】：アオバジャパン・インターナショナルスクール（AJIS）で行われている英語教育と国際バカロレア　*116*

◎英語教育：EALの重要性の理解とIEPP（生徒個人単位での進捗管理）　*118*
　　◎国際バカロレア（IB）：PYP（初等課程）におけるIB教育の事例　*121*

2．BBT大学（ビジネス・ブレークスルー大学）──インターネット大学の開拓者としての試行錯誤と可能性　*126*
　　◎独自に開発したオンライン教育システム　*127*
　　◎学生のlearnを促す　*130*
　　◎教員と学生のつながりを生む労働集約型の教育　*130*
　　◎ドロップアウトへの対応　*132*
　　◎BBT大学が、今、抱える課題　*133*

3．これから求められる経営者像──BBT大学院が成し遂げてきた世界で戦える尖った人材、その教育と挑戦　*136*

4．すぐさま英語が身に付く7つの提言　*164*
　◇7つの提言　*164*
　　①日々情景を英語で実況放送せよ　*164*
　　②外国人の道案内で学べ　*165*
　　③まずは英語で自己紹介の練習だ　*165*
　　④英語"ながら族"になれ　*166*
　　⑤自分がわからない表現は必ず書き留めよ　*166*
　　⑥TOEIC600点までは"筋トレ"だ　*167*
　　⑦でも点数は関係ない！英語は"即興"である　*167*
　　【コラム】〈そして先の一歩〉◇スカイプでフィリピン人講師と会話レッスン　*168*

5．BBTオンライン英会話導入事例：電通国際情報サービス──100社以上のオンライン英会話の中からBBTを選び、複数拠点のレッスンに活用　*169*
　　◎教室の補助教材として採用　*169*
　　◎実務に即した内容に高評価　*170*

◎運用の工夫で受講率が向上　*171*
　　　◎質の高い講師陣が好評　*171*
6．グローバルリーダーへの道　*173*
　(1) 大前研一流の「相手を動かす英語力」とは？　*173*
　　　◎ロールプレイのトランスクリプトと日本語訳　*174*
　　　【Vol.156】超簡単「ハーバード式・5行エッセイ」の極意　*176*
　(2) 異文化の壁を超える交渉テクニック　*181*
　　　◎第1回：交渉テクニック　*181*
　　　◎第2回：なぜ、日本式交渉が外国人に通用しない（失敗する）のか　*186*
　　　◎第3回：交渉における文化や国による違い　*190*

あとがき　*194*

第1章：21世紀に求められる人材

● 答えのない世界

1. 親は教育に「お金」ではなく「時間」をかけねばならない

◎教育に使ったお金と成果は全く比例しない

　子供がいる家庭では「教育費」が家計の大きな負担になります。

　文部科学省の「平成26年度子供の学習費調査」によると、幼稚園（3歳）から高校卒業までの15年間にかかる学習費の総額は「すべて公立」でも523万円で、言うまでもなく私立に通った年数が増えるほど上がっていき、「すべて私立」だと1770万円に達します。大学に進学すると、さらに4年間の授業料（私立はプラス施設整備費）と入学金を合わせた平均額で国立243万円、公立255万円、私立文系386万円、私立理系522万円かかります。

　しかし、2人の子供を育て、現在は教育事業を手がけている私の経験から言えば、親が子供の教育に使った「お金」と「成果」は全く比例しません。その一方で、親が子供の教育に使った「時間」と「成果」は、かなり比例すると思います。

　ところが日本の場合、子供の教育を父親は母親に"家庭内アウトソーシング"し、母親は「ママ友」を気にしながら学校や塾や家庭教師に"家庭外アウトソーシング"しがちです。しかし、親がそういう無責任な態度では、いくらお金を使っても成果が出るはずはないでしょう。

　子供の教育は絶対にアウトソーシングしてはいけません。なぜなら、学校の先生や塾や家庭教師は文部科学省が定めた学習指導要領に従ってオウムのように教えているだけで、今の世の中には全く対応できていないからです。よくモンスターペアレンツが問題になりますが、学校に文

句を言ったところで何も解決しません。学習指導要領の範囲でしか裁量がない学校の先生に期待すること自体が、そもそも間違っているのです。

しかも、大半の母親にとって子供のロールモデルは夫であり、「○○ちゃん、しっかり勉強しないとお父さんみたいになるわよ」と言うか、「○○ちゃん、しっかり勉強しないとお父さんみたいになれないわよ」と言うか、どちらかに二極化します。

これは実に不幸なことだと思います。というのは、前者の場合は父親の威厳が失墜して子供が父親を軽蔑したり無視したりするようになり、後者の場合はその反対に子供が委縮して父親とまともに話せなくなるからです。世の中には夫以外に子供のロールモデルはたくさんあるということに、母親たちは気づくべきです。

◎学校の成績や偏差値は正しい指標にはなり得ない

私は、子供に対する親のインプットが子供のアウトプットにつながると考えています。そして、子供に新しい時代を垣間見せることができるのは親しかいないと思います。

なぜなら、文部科学省の中央教育審議会が新しい学習指導要領を作り上げるまでには20年もかかるからです。つまり、新しい学習指導要領ができた時にはすでに時代遅れになっているわけで、それに従って教えている学校の先生に教育を全面的に委ねたら、子供は新しい時代に対応できなくなってしまいます。

一方、働いている親の多くは会社の中で21世紀の洗礼を受けているはずなので、例えば月に1つずつ、フィンテックやビッグデータやIoTなどのテーマを決めて夕食の時に話し合えば、それについて子供はネットで調べ、おそらく1か月後には親よりも詳しくなっているでしょう。家庭でそういう学び方を続けることが、子供にとって非常に大きなプラスになると思います。

● 答えのない世界

　つまり、親は数学や物理や英語などを教えなくても、自分が人生で大切だと思ったことを子供に伝えればよいのです。親自身がお金をかけてでも新しい技術と知識を学び、そのエッセンスを子供に伝えていくべきなのです。それこそが最も重要な親の役割であり、そういう教育を家庭で重ねていけば、アンビションを持って21世紀を生き抜くことができるたくましい子供に育つはずです。

　逆に言えば、学校の成績が悪いと子供を叱る親は最悪だと思います。20世紀の教育システムで判定された学校の成績は正しい指標にはなり得ません。ましてや偏差値なんてものは全く意味がありません。

　時代遅れの学校教育をベースに、親が子供に対してバイアスを持つのは子供の将来を殺しているようなものであり、とんでもないことだと思います。学校の成績が悪い子供は、実は世に先んじて21世紀に移ったから、20世紀の教育をしている学校の成績が悪いのかもしれないのです。だから私は自分の子供に「学校で良い成績を取れ」と言ったことは一度もありません。

　21世紀は「見えないデジタル新大陸の制覇」に世界中がしのぎを削る時代なので、子供たちは"開拓者"となり、自分で荒野に道なき道を切り開いていかねばなりません。そのリスクを取らない限り、新大陸に"安住の地"は見つけられないのです。

　親が子供に与えねばならないのは「21世紀の見えないデジタル新大陸の中で生き抜くスキル」です。しかし、それは学校や塾や家庭教師にアウトソーシングしたら、決して身につきません。親は自分自身の再教育に「お金」をかけ、子供の教育にはお金ではなく「時間」をかけること。それが大原則だと思います。

(DIME「金のなる知恵 Vol.10 2017/3月号」)

2．摩擦はなくなったが日本の存在感は低下

　これまでさまざまな分野で日米の貿易交渉を見てきたが、背景にあったのは米国の焦りだ。自分たちが世界最大の工業国だと思っていたら、日本企業が軽量化・薄型化・小型化した製品を作り、オーディオや自動車などはたいへんな人気を博した。すると米国は、日本の競争条件が有利だと主張し始め、輸入品に関税を課したり、数量規制を求めたりした。最大の口実は労働者の雇用を守るというものだった。

　だが、ジャパンバッシングはしだいに沈静化していった。典型例が自動車業界だ。日本のメーカーはせっかく開拓した米国のお客さんを失いたくはなかった。そこで、多くの部品会社を引き連れて現地生産化を進めた。GMやフォードなどビッグスリーの拠点はデトロイトに集中していたが、ホンダはオハイオ州、日産はテネシー州、トヨタはケンタッキー州というように、さまざまな州に拠点を構えて、生産能力を増やしていった。

　現地化を推し進めたことで、各州の議員からすると地元企業は日本の自動車メーカーや部品会社になった。デトロイトから不満が出たとしても、ミシガン州だけのことで、その他の州では多くの議員が日本企業側につくようになった。世界でも例のないぐらい日本企業が現地に根差したことで、自動車は政治論争のイシューにならなくなったのだ。

　貿易摩擦が激しかった頃、日本の人件費は安く、公害の対策費を支払っていないから製品が安いのだと、米国から何度も言われていた。だが今、工場は公害対策をきちんとやっているし、人件費も米国と遜色がない。当時、円を不当に安く為替操作しているという主張もあったが、

● 答えのない世界

　1ドル＝360円から一時は70円台まで円高が進んだ。もはや米国には日本をたたく理屈がなくなった。

　明確な根拠もない中、日本は本当に信じられないくらい米国からいじめられた。だから私はアメリカ人に対して嫌みでこう言う。「いじめてくれてありがとう。おかげで日本企業は強くなったよ」とね。

　あまり指摘されていないが、いろんな言いがかりをつけて米国が要求を押し通したものの、実際のビジネスで目立った結果を上げたものは見られない。当時、米通商代表だったカーラ・ヒルズ氏と話し、あなた方の要求を聞き入れても日本ではちっとも米国製品が増えないじゃないか、とぶつけた。するとヒルズ氏は「自分たちの役割は、閉じた市場を開けるワインオープナーであり、その後の対日貿易を増やしていくのは商務省の役割だ」と言う。米国の産業界はロビイストなどを使いながら、ヘ理屈をつけて相手を言い負かすのはうまいが、実際の商流をきちんとフォローする力が弱いのだ。

　日本企業は米国からのバッシングにもへこたれず、それぞれの業界で強くなってきた。だが、「別の競争」を忘れていた。それがアップルのiPhoneだ。カメラ、ビデオ、録音、映像など、日本企業がピカピカに磨き上げたものをすべてあの端末がのみ込んだ。日本企業は今でも世界トップクラスの製品を作り出す力があり、決してハードウェア同士の戦いに負けたわけではない。スティーブ・ジョブズの巧みな戦略で日本の製品が一つの端末に取り込まれ、アイコンに化けてしまったのだ。

　たとえばiPhoneカメラの主要部品はソニーのCMOSだが、ブランド自体はアップルだから米国も「日本企業はけしからん」なんて思わない。iPhoneの中には日本だけでなく、世界中の企業の部品が組み込まれている。製品そのものが無国籍化したこともあるが、多くのアメリカ人はiPhoneを米国製品として無意識に買っている。そんな状況なので特定の国に対する批判は起こりようがない。言い方を変えれば、ビジネスの世界は国境を超えた最適化がどんどん進んでいる。そうした中、付加価値の高いソフトウェアやアプリは米国産が圧倒的に多くなり、雇用も生

んでいる。

　日本企業が得意なのは既存の製品を改良すること。一方、iPhoneは従来にない製品だから、戦いの土俵が違う。アップルに負けたのではなく、戦いに参加できていなかった。これは構想力のなかった日本企業の戦略的失敗というほかない。

　10月中旬、私は日本の経営者81人を連れて米国のシリコンバレーを訪れ、20社以上のベンチャー企業を訪問した。ベンチャーの取り組みを聞いた日本の経営者は皆驚いて、「われわれはどうしたらいいんですかね」と口にする。なぜそうなるかというと、日本では規制の壁があって、仮に同じようなことができる能力があっても事業化が難しいからだ。ツアー中に、「企業成長の障害は国家だ！」と誰かが叫んだが、まさに20世紀後半に大成功した日本のシステムは21世紀のデジタル新大陸では動きが取れないのだ。

　わかりやすい例が民泊だ。日本には多くの外国人観光客が訪れており、既存のホテルや旅館では足りなくなっている。そこで政府は規制緩和ですよと胸を張って、民泊OKと言いだした。ところがやってもいいけれど年間180日までという話が出てくる。なぜ上限が必要なのか。

　IoTやフィンテックのように、21世紀は新しい産業がどんどん生まれてくる。あらゆる産業がテクノロジー化する、と考えて間違いない。既存の労働集約的な産業は、人件費の安い優秀な国へと必ず移っていく。イギリスで始まった産業革命の歴史とはそういうものだった。人口が減少し、人件費の高い日本が既存の領域で再び競争力を持つことはありえない。さらなる成長を遂げるには、新しい分野への挑戦が不可欠だ。そうした中で政府が20世紀の産業を守るために出しゃばったら、成長する産業の芽を摘むことになる。

　日本の規制が厳しければ海外に出ればいい。だが、今の教育制度では野心に満ちた日本人は育たない。欧米に追いつけ追い越せの時代の教育だからだ。答えがあって、それを早く覚えて問題を解いた人が評価され

る。教えられたことしか覚えない姿勢がしみ付いていると、21世紀のデジタル新大陸では戦えない。

　これからのビジネスで問われるのは、答えのない世界でどう生きていくかだ。北欧社会はそれを見越して、新しい時代に対応する教育制度へすでに1990年代から移行している。米国は世界中から野心に満ちた人たちが集まるから、自国の教育が変わらなくても問題はない。シリコンバレーではイスラエルや台湾、インドなどからやってきた人たちがビジネスで重要な役割を担っている。あそこは既成概念をたたき壊すことに喜びを持つ人たちの集まりで、まさに答えのない世界を楽しむ人たちの実験的未来都市だ。

　今の日本の教育ではシリコンバレーの入り口にもたどり着けない。無駄な規制を取り払うのはもちろんのこと、教育を見直す、あるいは自由化することが今後の日本にとって決定的に重要な課題だろう。

（週刊 東洋経済　2016/11/12号）

3．21世紀の人材戦略

（1）ボーダレスワールドを生き抜く武器「クラウドソーシング」を使いこなせ

◎ 21世紀は「人材が全て」である

・クラウドソーシングで企業パワーを100倍に

　私は最近セミナーなどで、これからの企業経営において「3つのクラウド」（クラウドコンピューティング、クラウドソーシング、クラウドファンディング）を活用することが非常に重要である、という話をしているのですが、この3つのクラウドの中で特に大切なのは、クラウドソーシング（オンライン上で不特定多数の人に仕事を発注するシステム）だと思います。企業の成長、生き残りにとって、人材活用戦略が非常に重要になってきているからです。

　クラウドソーシングのサービスを提供する会社の代表格はUpworkです。以前はoDeskという社名で、もともとIBMにいた人が始めた会社ですが、このサービスには世界中で約1,000万人のフリーランサーが登録しています。企業がUpworkを使って「こういう仕事をしてくれる人を探している」と呼びかけると、世界中から「私にやらせてください！」と名乗り出てくる人がたくさんいるのです。

　自分の会社にいる人たちだけで仕事をこなさないで、世界中にいる余ったリソース、才能ある人たちに仕事をしてもらう。そうやってクラウドソーシングを有効に使えば、自分の力、自分たちの会社の力が何十倍にも100倍にも増す、ということになるのです。私は常々、「20世

● 答えのない世界

紀は"ヒト・モノ・カネ"の時代だったが、これからは"ヒト・ヒト・ヒト"の時代である」と言っていますが、21世紀は本当に人材が全てです。

・正規、非正規という考え方はもう古い

安倍首相は演説で、「非正規という言葉をこの国から一掃する」などと言っていましたが、正規雇用とか非正規雇用なんていう言葉は、もう20世紀の用語、考え方です。私は、これからはもう、全ての社員は非正規でいいのではないか、と思います。社員は全て非正規で、それに加えてオンライン上のクラウドソーシングで世界中の人間を使えばいいのです。

これからの会社に正社員は必要ありません。机は社長の席1つ、いや、1つもなくてもいいかもしれない。今はこういう仕事のやり方が可能になってきており、最先端の会社は基幹システムを作る時でさえも、クラウドソーシングを使っているのです。

私自身も実際にクラウドソーシングを使っています。私の日本語のパワーポイント資料を海外での講演に使いたいと思った時、クラウドソーシングで「この資料の英語版を作ってくれる人を探しています」と募集すると、「私にやらせてください！」という人がたくさん応募してきます。それで、彼らに発注すると、驚くくらいスピードは速いし、クオリティは高いし、値段も安い。こんなスピードと値段でこんな仕事ができるのかと驚きますよ。

◎世界中にあふれる才能ある人材たち

・ここまで進んでいる！　海外企業のクラウドソーシング活用

ベラルーシにEPAMという、米国の一流企業の基幹システムなどを作っている非常に活発で面白い会社があるのですが、その会社がニューヨーク証券取引所に上場したというので、この間そこの創業者に会って

きました。そして「君の会社にはスタッフは何人いるんだい？」と聞いたら、約 8,000 人の技術者がいると言う。でもプロジェクトによってはスタッフが足りない時があって、このプロジェクトにはこんな技術を持った人があと 20 人必要だ、となった時、クラウドソーシングを使ってヨーロッパ中の優秀な技術者に発注する、と言うのです。ヨーロッパ中にいつでも仕事を任せられる人がいて、まったく見ず知らずの人と仕事をやっている。世界の最先端企業はそこまで進んでいるのです。

21 世紀の会社というのは、そういうふうに、どこからどこまでが社員か分からない。どこからどこまでがパートタイマーでどこからどこまでが正社員かも分からない。けれども結果は確実に出す、という仕事のやり方に変わってきているのです。

・クラウドソーシングで年間 2,000 万円以上稼ぐフリーランスも

日本にもクラウドワークスという有名なクラウドソーシング会社があります。ちなみにこれは、私が創設したアタッカーズ・ビジネススクール出身者の吉田浩一郎氏が社長を務めているのですが、今このクラウドワークスには 100 万人の登録者がいます。そしてこの登録者の中で去年一番稼いだ人の収入は年間で 2,600 万円だそうです。

だから安倍首相に言いたいのは、今や、「非正規が正規になって年収 300 万円になりました。おめでとうございます！」という時代じゃないよということです。フリーランサーでもクラウドソーシングに登録して、能力があれば年収 2,000 万円以上稼げる時代です。毎日会社に行って同じ机に座って、9 時から 5 時まで働いて、というのは 20 世紀的な働き方です。

こういう実態を、安倍首相が知らないのはしようがないとしても、彼の周りにいるアドバイザーたちも分かっていないのでしょう。今は、世界で最もこの仕事にふさわしい人を、すぐに、そして自由に見つけられる時代です。世界中に能力があって仕事にあぶれている人材がごまんといるのですから。

◎ 21世紀に生き残れる企業、取り残される企業

・「企業成長の方程式」を知らないと生き残れない

クラウドソーシングを使いこなしている会社と、そうでない会社、どっちが勝つかと考えたら明白です。世界中で最も優秀な人間を自由に使える会社が勝つに決まっています。

そういうことを、日本の企業だけでなく、国もきちんと理解していない。私がもし大手町にいたら、「安倍さんそれ違うよ、今はこういうやり方をしていかないと企業も生き残れないよ」と説明するでしょう。そういうことを説明する責任が財界の人、経営者にはあると思いますね。

今、大手町と霞が関と永田町だけが19世紀、20世紀に残っていて、どういう人材活用方法がベストなのかが分かっている一部の人たちだけが、「とにかく生き残るためにはこのやり方しかないんだ」と、クラウドソーシングを活用する方向に走っています。もっとクラウドソーシングを活用していかないと、全ての日本企業は20世紀に取り残されたまま、21世紀の変革の時代に入っていくことができないでしょう。

このまま昔ながらの仕事のやり方、アナログ的な仕事のやり方をしていたら、将来、人口の多いインドやバングラデシュ、中国やベトナムといったところとの勝負に負けて終わります。企業が生き残る方程式はそこには存在しません。

ボーダレスワールド（国境を越えた経済社会）というのは、世界で最もいい材料を安く調達して、いい労働者に最も安いところで生産させて、最も高いマーケットに売ってグローバルに最適化する世界です。これが企業が儲かる唯一の方程式なのですが、いまだにその方程式を理解できない国、企業は20世紀に取り残されるでしょう。

・「いい人材が来ない」とぼやく前に、まず使ってみるべし

その方程式を理解した上で企業を主導していける人間が21世紀の経

営者、21世紀のリーダーです。しかし、私がこういったことをお伝えした時に経営者の方の多くは「はい、分かりました、大前さんの言うUpworkですね。クラウドワークスっていう会社が注目されているんですね。知識としては分かりました」と言って終わってしまう。これでは駄目なんです。自分で使ってみないと意味がありません。

世の中にたくさんいる能力のある人に、とりあえず仕事を頼んでみる。使ってみる。非常に安い値段で発注できるのですから、何も躊躇する必要はないでしょう。

よく「いやあ、優秀な社員はうちみたいな小さな会社にはなかなか来てくれないんですよ……」とぼやいている社長がいますが、それはあなた自身の考え方、やり方が間違っているんですよ、と言いたいですね。重要なのは、優秀な人というのはオンライン上、世界中にいっぱいいて、それを使うかどうかという話だということです。

もし社長自身がクラウドソーシングを使いこなせないと言うなら、そういうことが得意な人間を雇ってやってもらって、ボーダレスワールドにおける新しい仕事のやり方をしていく。いずれにせよ、まずはトライして慣れて、そして改善していく、というトライアルを繰り返していく。そういう進取の精神が今は必要なのです。

こればかりは自分で使ってみないと分かりません。頭の中で理解しました、では本当のことは分からない。Airbnbのような民泊でもそうですが、新しいものは何でもやってみる、使ってみる。その上でやっぱり従来のやり方で大丈夫だという感触を得られたら、それはそれでいいのです。そこまで見ていれば、自分の会社が抱えていた落とし穴(リスク)は少なくなるわけですから。

◎若者よ、クラウドソーシングを活用せよ

・高校生でも能力次第で稼げる時代

一方、働く側の視点では、企業や社会から求められる人材として生き

抜くために何を身につけてどう働いていけばいいのか、を考える必要があります。

例えば10代や20代の若者世代なら、まずクラウドワークスに登録してみる、というのも1つの方法でしょうね。それでどこからか声が掛かってきたら、その仕事をやってみる。もし英語に自信があればUpworkに登録してみたらいいと思います。こういった世界は、驚くほど年齢、性別、国籍、宗教などが関係ない。仕事だけでつながっている世界ですから、最初はすごく安い仕事でも、能力次第では次第に収入を増やしていける可能性があると思います。

クラウドワークスなどを見ていても、最初は給料が安くても、だんだんとその人の仕事の評判が上がっていって、みんながこの人にやってもらいたい、ということになると値段が上がっていく。そういう仕掛けができているのです。先ほど話したクラウドワークスで年間2,600万円も稼いだ人も、常に多くの人から「ぜひ○○さんにお願いしたい」とオファーが殺到しているようです。私が以前パワーポイント資料の英語版を頼んだ人も、この前久しぶりにまた頼もうと思ったら、評判が高まって忙しくなってしまったらしく、「すみませんが、今はもう忙しくて受けられません」と言われてしまいました。

結局、能力のある人のところに仕事は集まるんです。能力があって評価が高まれば、たとえ10代であっても仕事を頼まれる。全ての分野に優れている必要はなくて、1個か2個、この分野だったら彼に頼めばOKと思われる人材になればいいのです。ドワンゴなども優秀な高校生をエンジニアとしてスカウトして採用したりしています。そのように、企業もクラウドソーシング上で若者をもっと活用する、若者もクラウドソーシングを通して自分をアピールしていく、そういうことが非常に重要だと私は思います。

・ゲーム、ネットの世界で求められる若い人材

企業にとっては、「社員にしたから使う」のではなくて、人とは違う

優れた能力を持った人を見つけてくる、ということが重要になってきます。トップの仕事で重要なのは、この仕事はどの人間に頼むのがベストかを考えて、適した人材を見つけてくるということです。

一方、仕事を請ける側は、「私はこういうことは得意です」「どうぞ私を見つけてください」というアプローチを積極的に行うことが大切です。特に若いうちは、「自分にこれを頼んでくれたら、たとえ相手が大人であっても負けないぞ！」という得意分野を1つでもいいから作るということが重要です。翻訳でもプログラミングでも、どんな領域でもいいのです。ゲームの世界では昔からそういう若者が結構多くて、ソニーのPlayStation2くらいから10代の人たちが様々なプロジェクトに参画していました。ゲームやアニメ、ネットの世界では、むしろ10代の人たちに多くの活躍の場があると思います。

例えば私はかつて、スクウェア（現：スクウェア・エニックス）というゲーム会社の社外取締役をやっていたこともあって、この会社の昔を知っているのですが、新しいゲームを作って発売する前に、数百人の若者を集めてきて、そのゲームで徹底的に遊んでもらいました。すると、社員やスタッフなどの大人が見つけられないバグが結構たくさん発見される。これなども、若者の能力・特性を活かしたよい例だと思います。

◎働く人、企業、どちらにも必要な21世紀の人材戦略

・稼ぐ感覚を身につけた「通訳案内業」のアルバイト

世の中にはいろいろな仕事がありますが、自分を人材という視点で考えた時に、得意分野というものが非常に重要になってきます。例えば会社の面接で、「私は営業の経験はありませんが、営業をやりたいんです」と言って、面接官から「なぜ営業の仕事がしたいの？」と聞かれると、「私は人と触れ合うのが好きなんです」と答える学生がいるとします。私なら、大学を出て22歳になるまで鉛筆1本売ったことがないような人材は、営業として採用しませんね。社会から求められる人材として自

分を磨いていきたいなら、なるべく早く、できれば 10 代の頃から自分の得意分野を見つけること。これが重要だと思います。

これは私自身の話になりますが、私は大学生の頃に旅行会社で外国人観光客を相手に通訳案内業をやっていました。お客さんが喜んでくれると、最後に握手して別れる時にたくさんチップが貰えました。私は当時、とにかく好きな楽器を買うためにお金が欲しかったので、自分の持っているスキルを活かしつつ、なおかつ一番お金になる仕事は何かと調べてこの仕事を見つけてやり始めたのです。

通訳案内業というのは、ちょっとでも変な通訳や案内をしたらすぐに会社にクレームが入ります。その代わり、いい仕事をすればものすごく評価されます。私は、当時のスタッフの中で、旅行会社の社長宛に届くお客さんからの御礼状が一番多かったのですが、なぜかというと、必死になってその仕事のクオリティに磨きをかけたからです。このお客さんは、どういう目的で、どこの国から来て、どんなバックグラウンドを持った人か、ということを事前によくヒアリングした上で、顧客満足度をどう高めていったらいいのかを考え抜いて案内していました。全部で約 2,500 人を案内したのですが、これは私にとって、とても貴重な経験になりました。顧客満足度を高めれば、お金（チップ）になって跳ね返ってくる、ということを肌感覚で学ぶことができました。しかも、日本にいながら世界を知るにはもってこいの最高のアルバイトでした。

・マニュアルでこなせる仕事はするな

このように、若い頃は自分の得意な分野に徹底的に取り組むことが大切です。できればファストフード店のようなところではアルバイトしないほうがいい。お金にはなるかもしれませんが、マニュアル通りにできる仕事は将来自分のためになりません。ましてや将来独立してやっていこう、起業しようと思っている人なら、マニュアル通りに仕事をする癖をつけてしまってこれが仕事だと思ったら、もう一生独立、起業はできないでしょう。

そういう意味では家庭教師も駄目ですね。家庭教師は自分が覚えてきたことをただアウトプットするだけの仕事です。これは自分の学習、成長にならない。そういう仕事ではなくて、オンライン上で多くの人から「ぜひあなたにお願いします！」と言われるようなものを築き上げていくことが重要なのです。

　大学を卒業して会社に就職するまでほとんど商売らしい商売を自分でやってないというのは不幸なことです。学生の間に何か１つや２つは自分で商売をやってみるということがこれからの人には必要だと思います。それも、できればネットの世界、デジタル大陸でやってもらいたいですね。そして企業側は、そうやって自分に磨きをかけてきた優秀な人材にどんどん仕事を依頼していく。このように、働く人も、人を使う企業側も、クラウドソーシングの活用を含めてどう生き残っていくべきか。そこに視点を据えて考え、アクションを起こしていくことが、21世紀の人材戦略において非常に重要なことだと思います。

（2016/9/2取材を基にgood.book編集部にて編集・収録）

(2) 21世紀の人材戦略──ボーダレス経済の要諦「世界最適化」に対応すること

◎人材を自前で揃える必要のない時代に人をどう採りどう育てるか

・スマホで引き起こされる破壊的イノベーション

　現在、日本の多くの企業は、人材戦略に関して、さすがに20世紀型のものを見直すようになってきています。21世紀の人材戦略は従来のものから抜本的に変えるべきだ、という考え方です。その背景としては、国内市場が縮小しているというのもありますし、スマホなどのテクノロ

ジーを使った破壊的イノベーションが起こりやすい環境が整ってきたというのもあります。

例えば、日本では国土交通省の指導によって頓挫してしまった配車サービスのUber。これはスマホベースで始まったサービスです。私があらためて驚くのは、スマホというのは全世界で統一されたシステムだということです。スマホに搭載されるOSはアップルのiOSとグーグルのAndroidがシェアを二分していますが、アプリはほとんど両OSで共通に開発されており、システムとしては実質1種類と言ってもよい。こういうシステムの上でサービスを展開することで、1つの地域で事業がうまくいくと、世界中のほかの地域でも容易に展開することができるのです。

例えば、サンフランシスコでうまくいったら、そのシステムを用いて次の年にニューヨークでやって、その次はヨハネスブルクでやってという具合に、世界中500都市以上に進出することができます。我々の世代のグローバリゼーションというのは、日本でうまくいくとAという国にいって、そこでうまくいくとBにいくという国別の組織展開でしたが、今や、スマホを中心とするこれらのエコシステム（生態系）を使うと一瞬にして大都市だけを500も攻めることができるのです。こういった方法であれば、一気に時価総額5兆円の会社が5年で生まれてしまう。こんな破壊的イノベーションが起きているのが21世紀なのだという事実を認識しなければなりません。

・21世紀に全く対応していない日本の学校と人事制度

さて、20世紀型の人材戦略から変わってきているとはいえ、日本の人事制度を調べてみると、やはり昭和30年代の集団就職のやり方がまだ非常に根強く残っています。高度経済成長期には製造業で大量の労働力が必要とされたために一括採用型の人材確保が必要だったわけですが、あの頃とはもう時代が違います。だいたい4月に一括採用なんてしている国は、日本以外にありません。

一括採用ということは、個々人を見ないでどこの学校を卒業したかを見るといった採用基準になります。また、学校で成績の上の方を採るというのはクレディビリティ（credibilityr：信頼性）としては一定の成果があるとは言えますが、今や学校そのものがもう21世紀に対応していないのです。学校のシステムを改変するには時間がかかりますから、そういうところから人材をごそっと採った会社は向こう20年から30年変われないということになり、悲劇としか言いようがありません。私は日本の人事制度はやはり、ここで大きく見直す必要があると思っています。

・人材を内部に固定化せずアウトソーシングするメリット

　1989年に発表した拙著『ボーダレス・ワールド』（プレジデント社）で私は"世界最適化"というモデルを解説しました。原材料を一番安いところで調達して、人の質が一番よくて安いところで加工して、一番高いマーケットで売る。これがボーダレスワールドにおける収益最適化のやり方ですよということを書いたのですが、そういう意味で労働力としての人間をある国で固定的に持つということは、やはり非常にリスクが高いことになります。

　だから、安倍首相には申し訳ないけれども、今の時代に「正規社員を増やそう」「非正規雇用をなくそう」などと言っているのは、世界最適化の流れについていかないということを明言しているも同然です。非常にリスクの高いことを日本は今やろうとしています。そのことを考える必要がある。

　それに合わせてもう1つ言えることは、人材は全部自前でなおかつフルタイムの雇用で揃えるのではなく、今やいろいろな外的リソースが使えるのだということです。ビジネスプロセスアウトソーシング（BPO）や、クラウドソーシングといった方法がいろいろあるので、その辺を使いまくる。また、そういうサービスを使える人材を社内に置いておくということが非常に重要です。

● 答えのない世界

　21世紀に求められる人材とはどんなタイプかというと、基本的には「グローバルな活躍のできる人材」「イノベーター」「リーダー」が必要になります。しかし、一括採用のシステムでは、なかなかこういう人が育ちません。

◎日本の採用制度の問題を整理する

・21世紀の企業を取り巻く環境と経営課題

　ここであらためて現状認識と課題を整理しておきましょう（図-1）。冒頭でお話しした通り、日本については国内市場が縮小していてこの先の成長があまり期待できない状況があります。国内市場に向けて人材を強化するのは意味がありません。当然のように国外に活路を求めることになりますが、これに対応するべくグローバル人材が必要となってきます。

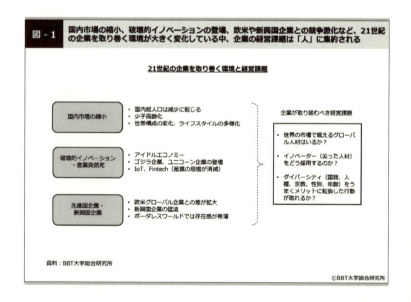

世界市場は成長しているのかどうか。2017年あたりは、日本が世界で唯一OECDの中ではGDP成長率がマイナス0.1％になるだろうとIMFが言っていますが、世界市場はだいたい3％、よい市場なら5～6％の成長率という見通しです。ここで戦える人材を持つのが今日的な経営課題です。

　また、破壊的イノベーションの登場は同時に産業突然死を生むことにもなります。ゴジラ企業やユニコーン企業の登場など、ベンチャーのあり方も多様になってきました。産業の垣根が消滅している状況がありますが、こういう中で生き残りを賭けた戦略を発想できる尖った人材、0から1の発想ができる人、すなわちイノベーターが必要です。

　こういう発想力を持った人というのは、たいてい性格が悪いです。しかし、それでいいのです。自己紹介で新入社員が「私は誰とでもうまくやっていけます」などということを言っていたら、それはつまり「私はこれといって特徴のない人間です」と言っているわけで、すぐに人事部長を呼んでクビにしろと言わなければならない事案です。誰とでもうまくやれる人が求められるのは20世紀の話で、今は人と違う発想ができて違う行動がとれる人間が必要なのです。人事の採用基準も変えていく必要があります。ただし、採用後には教育が必要です。発想力はあるけれど性格が悪いという人物ですから、よほどしっかりとしたメンターをつけて育てていかないといけません。

　企業が取り組むべき経営課題の3つ目としては「ダイバーシティ対応」が挙げられます。国籍・人種・宗教・性別・年齢と様々な多様性が課題となりますが、いきなり全社規模で対策を講じると現場が非常に混乱することになりますので、まずはスモールプロジェクトから少しずつ挑戦し、だんだん社内を慣らしていくようにするのがよいでしょう。

・日本企業が人材の確保と育成にようやく意識を向け始めた

　さて、現状認識と課題を整理してきましたが、一方で日本企業の経営者はこうしたことをわかっているのかいないのか。図-2のアンケート

● 答えのない世界

結果をご覧ください。私は40年間コンサルティングの仕事をやっていますが、「経営の課題はなにか?」という問いで初めて1位に「人材の確保・育成」が出てきました。今までは、新製品導入、グローバル化、コストダウン、生産性向上といった課題が挙げられていましたが、ここへきてようやく初登場です。ただし、この課題を考えるにあたって、「具体的な対策は?」に対して「人事部長頑張れ!」では駄目です。それでも意識だけは人材に向くようになってきた。いよいよ"人"が重要な時代なのだとわかってきたわけです。

何回も言ってきていることですが、20世紀は「ヒト・モノ・カネ」の時代でした。21世紀は「ヒト・ヒト・ヒト」です。ヒトがいればモノもカネも集まってきます。今、カネは世界で最も豊富にある安いコモディティです。ゼロ金利時代、貸したい人がたくさんいて、借りたい人が少ないという時代です。モノも、ヒトとカネがあれば導入することができます。21世紀になにが必要か、なにを育てていくべきか。答えは

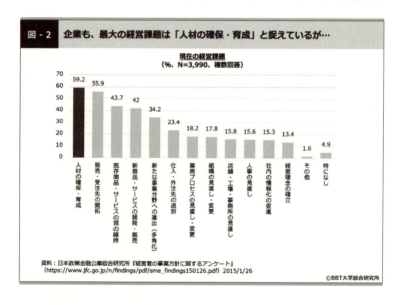

図-2 企業も、最大の経営課題は「人材の確保・育成」と捉えているが…

資料:日本政策金融公庫総合研究所『経営者の事業方針に関するアンケート』
(https://www.jfc.go.jp/n/findings/pdf/sme_findings150126.pdf) 2015/1/26
©BBT大学総合研究所

明確です。

◎欧米グローバル企業は経営者人材を育成する仕掛けが整っている

・日本と海外の雇用慣行の違い―採用・人事・グローバル展開

ここでは、日本と海外とで雇用慣行がどのように違うのかを細部について見ていきましょう（図-3）。

まずは採用面について。欧米の会社と比べると、新卒一括採用、人事部が担当というのが日本の特徴で、こういう国は少ないです。欧米の場合、普通は欠員や増員が出た時に、特定職務に対して募集をして面接をして採る。年俸も1人ずつ違う。その職に対してその都度契約で採りますから、その職がなくなればその人は辞めるということです。

それから人事管理について。日本の場合、先にも述べましたが「総合

図-3　日本の雇用慣行は、昭和30年代の集団就職の時代からあまり変わっておらず、欧米グローバル企業の人材戦略から大きく後れを取っている

日本と海外の雇用慣行

	日本	欧米
採用	新卒一括採用。人事部が担当	欠員や増員による特定職務の補充採用。現場責任者が担当
人事管理	職務は限定されず、配置転換を繰り返す	同一職務が続く。社内公募で職務を変更する際は雇用契約を結び直す
グローバル人事	本社日本、海外現地法人と分ける	グローバル共通の人事プラットフォーム　社長までの距離はどの国で採用されても同じ
労働時間	職務範囲が無限定なので長時間労働になりがち	職務を果たせば定時で帰宅（エリートは長時間労働）
解雇	解雇＝社員地位剥奪なので簡単にできない。リストラでも配転などによる雇用維持が求められる	事業撤退などでその職務が消滅すれば、解雇は原則OK
主な賃金形態	配転で職務が変わっても賃金に影響が出ないよう、年齢や能力を基準に決定	職務ごとに決定。他社でも同じ職務なら同じ賃金水準
労働組合	賃金水準は企業ごとに違うので、企業単位で結成	企業を横断した産業別で結成

資料：東洋経済新報社『週刊東洋経済 2015年5/30号』2015/5/25

©BBT大学総合研究所

職」として採用した人たちは、職務が限定されず配置転換を繰り返していくわけです。そのうちに神と同じくらい仕事ができるようになれという期待を持たれつつ、あっちの部署へこっちの部署へと動かされていく。結果、何もかも中途半端になってしまう。欧米では同一職務に継続して就く。そこでものすごい業績を上げると、10万人くらいの会社ですと、2,000人くらいを特別枠で引き上げて、その中でさらにいろいろな試練をくぐって200人くらいを選んで、さらに最終的には5人くらいをCEO後継候補にしていく。こういうパターンです。

グローバル人事について見てみると、欧米ではどの国で採用されても社長までの距離は同じですが、日本の場合、日本の本社と海外現地法人とでは人事がはっきり区分されていて、現地採用の人たちが本社の出世街道に上がることはありません。実はこれは非常に危険な考え方です。人材を本社のある国と他の国とで分けるということは差別につながり、それがもとで出世が左右されるようなことが起きたとしたら大問題です。訴訟の原因にさえなります。商社などで、日本から出向してきた人がとてもよい条件で雇用されているのを知った現地の人たちから「なんで同じ仕事をやっているのに俺たちはこんな扱いを受けるんだ」「なんであいつだけいい思いをしてるんだ」という具合に不満が噴出し、訴訟の山になっている例があります。

したがって、世界のどこであれ、入社した人は同じ扱いにしなければなりません。日本の場合は、国内でも「あいつは中途採用だ」「あいつは現地採用だ」ということがありますが、こういった言葉は即禁止しないと危険です。会社にとって得なことは一切ありません。そのような言葉は会社から放逐しないといけません。

そして、最後には世界的な活躍をしてもらいたい人を1つの枠の中に入れて、特別にキャリアパスを組んであげる。これが出世の道です。日本の企業においてはこうした選出が少ないので、最後まで誰がトップに立つかわからないというような状況の中でみんなが一定の努力をするのかもしれません。しかし、一方で選ばれなかった人の活躍の場所がな

いという問題もあります。これが最近の日本企業のトラブルの原因でもあるので、企業は戦略的に手を打たなければなりません。

・欧米企業に見る労働時間と賃金のマネジメント

次は労働時間について。総合職は"何でもできる神様"になるためのポジションですから、結局勤務時間が長くなってしまいます。一方で職務に対して雇われた人は、その職務が終わると帰っていいのです。欧米の場合、エリート、つまり将来出世するような人は、だいたい朝4時に起きて、6時に会社に来ているというタイプの人が多いです。それで、定時に退勤して家族と食事をする。退勤後に友達と1杯やる時間は30分くらい。ニューヨークであれば、オイスターバーなどでサクッと飲んで早々と帰る。こういう生活パターンです。日本の場合は、朝ぎりぎりに出社して、夜は遅くまでだらだら会社にいるということが多くはないでしょうか。

それから賃金形態としては、日本の場合は配置転換で職務が変わっていってもなるべく賃金が変わらないようにするという配慮があります。当然のことながら欧米の場合は職務ごとに採用していますから、この職務がなくなれば当然雇い止めということになりますし、うんといい仕事をしていれば会社側が慰留して別の働き口を見つけてあげるということもあります。

また、欧米の場合、他社に行っても同じ職務であれば賃金体系は同じです。同業他社に行ったとしても賃金はあまり変わりません。給与システムをビッグデータで管理しているヘイ・グループという会社がありますが、この業種のこのような仕事で、部下が何人いて、こういう状況にあって、ということを総合的に判断して、適正賃金を算出してくれます。こういう仕組みがないとトラブルが絶えないので「ヘイ・グループがこういうふうに言っているので、あなたの給料はこうなっています」という具合にやっていくことが多くあります。こうしたほぼ均一の賃金体系の中でトントントンと出世した人がいると、今度はヘッドハンターが特

別にその人を誘いにきます。そこから先はまた違った賃金体系の契約を結ぶことになります。

労働組合ですが、日本の場合は企業によって賃金体系が違うので企業単位で組合が結成されていますが、欧米ですとこれが産業別になります。ブルーカラーは産業別で労働運動をやりますし、リストラの時は"エレベーターのルール"、つまり先に入った人が残って、あとから入った人が出ていくという仕組みです。ですから、欧米でリストラをやると年寄りばかり残ってしまうという問題があります。

◎ 21世紀のボーダレス経済の中で企業がとるべき人材戦略とは

・労働力の流動化はボーダレス経済における最適解

前章でも述べた世界最適化の仕組みをあらためて整理しておきましょう（図-4）。世界で最も良質・廉価な材料を調達して、世界で最もスキルがあってコストの安いところで生産し、世界で最も高く売れるマーケットで販売する。こういうサイクルを1989年発行の拙著『ボーダレス・ワールド』で定義したわけですが、現実はおおむねその通りになっています。もちろん為替や人件費体系は変化するため、時代とともにどれが最適解かというところも変わります。この変化に対応するためには、人材のマネジメントもかなりフレキシブルに組んでいかないとやりくりがつけられなくなります。いつまでも終身雇用だとか正規雇用だとかいうことにこだわっていると、これができないのです。

世界的なトレンドとして労働力は確実に流動化しています。しかし海外で人をたくさん採っても、国内の方でリストラできなければどうしようもなくなります。日産自動車はリストラの成功例ですが、ああいう具合にトップに非情な人間がいるとしっかりリストラができるわけです。意外なくらいに街中で日産の車を見かけることが少ないのですが、それでも業績がよい。要するに、「世界最適化」を進められると、トップ企

グローバルリーダーになるための未来への選択●

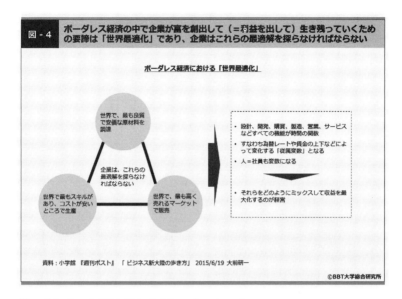

業ではなくても利益が出せるということです。

・経営戦略と人材戦略とをマッチングさせるのが社長の仕事

　経営戦略と人材戦略をどう整合させるのかを見ていきましょう（図-5）。この2つは従来合わせる必要がありませんでしたが、ここにきてマッチングの必要が出てきたと私は思います。自分の会社にどんな人材が必要なのかを考える。そしてそれに適合する人材を世界中から集めてくる。前段の仕事は社長がやります。自分の会社にどんな人材が必要なのかを人事部に考えさせてはいけません。自分がどういうふうにしてどういう仕事をしたいのかを考えて、これぐらいの能力を持った人間がこれぐらい欲しいと立案する。こういうことを考えるのは人事部ではなくて、社長の仕事です。

　社長がまずこれを考えた上で、そこからトップダウンで人事部が採用の仕事をすることになりますが、日本の場合、ここでまた突き当たるの

● 答えのない世界

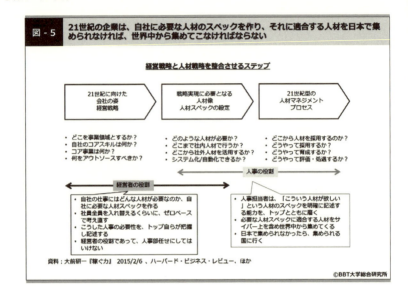

が例の一括採用の壁です。これがナンセンスなのはすでに述べた通りです。経団連（日本経済団体連合会）は選考解禁を6月にしろと言い、大学側は8月解禁のままにしてくれと言って結局受け入れる、こんな不毛なやりとりを30年も繰り返していますが、本当になんの意味もありません。一括採用などというものでいい人が採れるなんてことはありませんし、仮にいい人を採ったとしてもその人が会社で中核的な仕事をするまでに、日本企業の場合は20年以上かかります。自社のスペックに合った人を1人ずつ採っていく、役員が分担してそういう人を見つける、そういうやり方をしないといけないのです。

いずれにしても、今までの日本のやり方では、仮に今年採った300人の中にすごい人がいたとしてもそれを見つけるのに時間がかかりますし、その人に活躍の場を与えるのも遅れます。個人が活躍するのが21世紀です。尖ったすごい人が前に出るようなシステムをつくらなければなりません。そして同時に、それが99%の人のジェラシーを生まないようにしなければなりません。その他大勢の不満が高まると、バーニー・

サンダース氏のような人が登場してきて「うちの会社は独裁者がやっている」と煽動するようになってしまいます。社内で米国での抗議キャンペーンのように"We are the 99％!!"などと叫ばれたらたまらないですよね。そういう意味でもシステムを変えていく必要があります。

(大前研一ビジネスジャーナル No.12 より／masterpeace)

4. 突出した個人の時代に求められる「コンセプト力」

　経済のグローバル化、ITの進歩によって日本社会は「一億総中流社会」から低所得者層と高所得者層の2つのピークがある「M型社会」へ急速に移りつつある。そこでは「コンセプト力」を持つ人だけが成功し、豊かな暮らしを享受することができる。コンセプト力とは、物事の本質をつかむ「全体的な思考能力」＋「新しいものを発想し、実行していく能力」だ。コンセプト力を鍛えるためには、全体的な思考や新しい発想を妨げる「思い込み」や「先入観」から脱却する必要がある。自分とまったく違う発想をする人と徹底的に議論することが、思い込みや先入観から脱却するトレーニングの第一歩となる。

◎成功者と脱落者を分ける「3つの質問」

　私が翻訳を手がけた『ハイ・コンセプト－「新しいこと」を考え出す人の時代』（三笠書房）がビジネスパーソンの間で話題になっているようだ。
　その中で著者のダニエル・ピンクは、これからの社会で生き残るためには、次の3つの点を自問する必要があると述べている。

　①この仕事は、他の国ならもっと安くやれるだろうか？
　②この仕事は、コンピュータならもっと速くやれるだろうか？
　③自分が提供しているものは、豊かな時代の非物質的で超越した欲望を満足させられるだろうか？

この3つの質問は成功者と脱落者を分ける指標である。常に自分の仕事をこの3つの質問に照らし合わせて検証し続けていかないと、脱落者となって厳しい暮らしを強いられる可能性が高くなる。ピンクのこの指摘は、まさしく私がこれまで主張してきたことと重なる。それは、いま日本が直面している「格差社会」の本質を突くものだ。

　すでにグローバル経済の拡大は、国境を有名無実化し、「人」「モノ」「金」、そして「情報」が自由に世界中を行き来するようになった。その結果、我々は大きな構造変化とルール変更の波にさらされている。ピンクの示す3つの質問は、この構造変化とルール変更に対して、ビジネスパーソンがどれだけ意識的であるかを問うものである。

　グローバル経済の進展によって、世界中の企業は安価な労働力を求めて、中国やベトナムなどに生産拠点を移し替えてきた。その結果、国内産業は空洞化し、多くの労働者は職を失うか、より低賃金の労働を余儀なくされている。

　また、ITやロボット技術の発達によって、反復性や再現性のある作業はコンピュータやロボットに取って代わられるようになった。プロフェッショナルといえども安泰ではない。すでに私が何年も前から指摘しているように、弁護士や会計士といった資格のプロフェッショナルの仕事も、「ファミリーロイヤー」や「クイッケン」といったパッケージソフトが、その大部分を代替するような時代になってきたのである。

　その結果、日本では「M型社会」が到来しようとしている。かつての「一億総中流」は、いまや昔の話。拙著『ロウアーミドルの衝撃』(講談社)でも指摘したように、実質的に中流階級は激減し、いまや低所得者層と高所得者層の2つにピークがある「M型社会」になりつつあるのだ。

　M型社会の意味するものは、成功者になることができなければ、中流を飛び越えて一気にロウアークラスに転落してしまう可能性が高いということである。だからこそ、自分の仕事を「他の国ならもっと安くやれるだろうか?」「コンピュータならもっと速くやれるだろうか?」と自

らに問いかけ続けなければならないのである。

　これからは、中国やインドなどの新興工業国、あるいはコンピュータやロボットに代替されるような仕事には将来性はないということだ。そこで3つ目の「豊かな時代の非物質的で超越した欲望を満足させられるか？」という質問が重要になってくる。要するに、創造性に富み、既成概念にとらわれない新しい視点をそなえ、物事に新しい意味づけを行っていくことができる人間でなければ、成功することはむずかしいということだ。

　言葉を換えて言えば、「（途上国ではまだ考えるゆとりのないような）コンセプトを考え出す力」を持っているかどうかを問われるということである。これからの時代を生き抜き、高い報酬を手にするためには、コンセプト力を身に付けることが不可欠なのである。

◎全体的な思考能力＋新しいものを発想していく能力

　もう一度、コンセプト力の定義を明確にしておこう。

　コンセプトを直訳すれば「概念」である。ただし、日本でコンセプトという言葉が使われる場合、ただの概念というよりも、「全体を貫く基本的な概念」という意味で使われることが多い。

　このことからもわかるように、コンセプト力の第一の定義は、物事の表層的な現象にとらわれずに、本質的な意味をつかむ全体的な思考能力である。

　表面に出ていることは、誰でも知っていることである。誰でも知っていることから物事を考えても、行き着く結論はこれまた誰でも知っているようなありきたりなものに過ぎない。ありきたりな思考では、もはや現在のビジネスにおいて価値を生み出すことはできない。

　たとえば、経済について考えるとき、誰もが対象としてとらえるのは、「実体経済」である。たしかに20年前までなら、実体経済の動きを追っていれば、次の展開を予想するのは容易であったろう。しかし、大きな

変革期を迎えている現在、実体経済だけを見ていたのでは、これからの経済の動きをつかむことはできない。

いま経済空間には、目に見える実体経済の他に「ボーダーレス経済」「サイバー経済」「マルチプル（乗数）経済」という目に見えない経済空間がリンクしており、それらは複雑に連動しながら、実体経済に影響を与えているのである（詳しくは拙著『大前研一　新・資本論』〈東洋経済新報社〉を参照）。

サイバー経済ひとつとってみても、その影響は計り知れない。ITとインターネットの発達は人々のコミュニケーション・スタイルを変え、ビジネスのスタイルをも変えた。いまやネットは重要な販売チャンネル、サービス提供チャンネルのひとつであり、ビジネスをうまくネットに結びつけた者が大きな成功の果実を手にしている。

しかし、サイバー経済が実体経済に与える影響はそれだけではない。かつて某企業のクレーム処理係とのやりとりがネット上で公開され、製品不買運動にまで発展したことがあったように、口コミ情報がネットを通して瞬く間に駆けめぐり、製品の評価、企業の評価を厳しく行うようになった。そこで高評価を得たものは売上げを伸ばし、逆に批判の嵐にさらされたものは売上げダウンに見舞われる。実際にこのようなケースが数多く出てきているのだ。

表層にある実体経済の動きは、いまや経済空間の中の一部分に過ぎない。実体経済だけを見ていては、これからのビジネスチャンスを見抜くことはできない。目に見えるものの裏側にある本質を把握し思考するコンセプト力が必要なのである。

コンセプト力の定義は、それだけではない。本質をとらえる全体的な思考能力とともに、新しいものを発想するクリエイティビティも重要である。

近年、日本が成功を収めている輸出品は、電化製品でもなければ自動車でもない。マンガやアニメ、ゲームである。宮崎駿監督の『千と千尋の神隠し』がアメリカのアカデミー賞長編アニメーション賞を受賞した

ように、特に日本のアニメは海外で高い評価を受け、世界各国で上映されている日本の「特産品」なのだ。

電化製品や自動車などの工業製品は、品質の良い製品を出してもすぐに競合他社に同様の製品を出され、最後はコスト競争になってしまうことが少なくない。しかし、マンガやアニメは発想力の勝負なので真似をしようと思ってもそう簡単に真似をすることができない。つまり、その世界では、新しいものを発想するコンセプト力がカギとなる。

この新しいものを発想する能力と全体的な思考能力は、相関関係にある。本質をとらえることができなければ、新しいことを発想することはできないし、新しいことを発想する斬新な視点がなければ、物事の本質をとらえることはできない。そういう意味で、全体的な思考能力と新しいものを発想する能力は、表裏一体のものと言うことができる。

◎コンセプトなき教育がもたらした日本の悲劇

21世紀のビジネスでは、コンセプト力を持つ者が成功し、豊かな暮らしを享受することができるだろう。だが、そういう視点で日本を俯瞰してみると、虚しい思いを禁じ得ない。なぜなら、コンセプト力を備えた日本人は本当に数少ないというのが実情だからだ。

なぜ、コンセプト力を持った日本人が少ないのか。それは、日本では答えを教える教育しかしていないためである。結局のところ、日本の教育は、試験でいい点を取るための教育なのだ。それも西欧に追いつき、追い越せ、の時代の産物だ。だから、正解を教え、それをどれだけ覚えているかを問う試験を行う。

しかし本当に大切なのは、「1192年、鎌倉幕府開設」という歴史的事実よりも、「なぜ貴族の世の中から武士の世の中へ移り変わっていったか」という時代背景である。鎌倉幕府開設の年号を覚えても思考は広がらないが、貴族の没落と武士の台頭という年号の裏にあるものを学ぶトレーニングを積んでいれば、そこから思考を広げ、大企業の領域を次々

と破壊する新興企業の躍進する現在に置き換えて考えることができる。そのような思考のトレーニングを無視し、ひたすら答えを頭に詰め込んできたことが、コンセプト力の育成を阻んできたのである。

　危険なことに、日本の指導者層である政治家、官僚、知識人でさえ、まともなコンセプト力を身に付けていない。それを如実に示しているのが、経済財政諮問会議が答申する、いわゆる「骨太の方針」の中身だ。2006年7月に閣議決定された「基本方針2006」では、日本経済が立ち向かう3つの優先課題として、「①成長力、競争力強化、②財政健全化、③安全・安心で柔軟かつ多様な社会の実現」が挙げられている。さらに、この3つの優先課題に対処すべく具体的な施策が述べられているが、それらは枝葉末節の議論にしか過ぎない。いずれもその場しのぎの対症療法でしかなく、病状を根治するためのものではない。

　なぜ、このような問題が生じているのか。その背景にあるものを問いただせば、日本の中央集権機構の弊害に突き当たる。日本が抱える諸問題を根本的に解決するには、中央集権を破壊しない限り不可能である。霞が関を頂点とする中央集権を根本的に破壊するためには、道州制を実施して地方に大幅な権限委譲をするしか方法はない。

　問題を全体思考で考えれば、それしか方法はないはずだが、コンセプト力の乏しいエリートたちは、いまだに雨漏りの下にたらいを置くことしか発想できないのが嘆かわしい。

　コンサルタントの世界も同様だ。コンサルタントは、企業が抱える問題点を見つけ出し、それを解決することを生業にしているわけだが、コンセプト力のないコンサルタントは、目についた欠点を「ここがダメ」「あれがダメ」とあげつらい、パッチワークで補修するような改善策を提言する。

　一時はそれで状態が良くなるかもしれないが、表層的な部分をいくら改善しても、その大本にある根元的な問題を解決しないことには、すぐにまた同じようなトラブルが発生し、ふりだしに戻ってしまう。そんなコンサルタントに当たった企業は不幸としか言いようがない。

● 答えのない世界

　官僚にしても、コンサルタントにしても、日本のエリートたちが持つ知識の量は膨大だ。しかし、Googleの時代には知識のストックを競い合うことは無意味だ。特に、前例のない時代へと踏み出したいま、過去の模範解答をいくら知っていても何の役にも立ちはしないのである。

◎グローバル経済拡大の中で世界で勝負できる人材がいない

　そして、もうひとつ日本に対する懸念を示すならば、知識ではなくコンセプトを示して世界で活躍できる人材がほとんどいないという点である。

　グローバル経済の拡大によって、ビジネスの世界では実質的に国境はなくなり、世界中が活動の舞台となったが、世界に伍して渡り合える人材は驚くほど少ない。

　端的に言えば、世界の共通語である英語をビジネスシーンで自在に使いこなす人材を、日本はまったくと言っていいほど育成してこなかったということである。

　いくら高い能力を持ち、誰も考えつかないようなアイデアを思いついたとしても、また、革新的なビジネスモデルを創造したとしても、相手に考えていることを伝えることができなくては何の意味もない。それは能力がないのと同じことである。つまり、ビジネスワールドがひとつに統合されたこれからの世界では、語学、特に英語を自在に操れる能力も必須になってくるということである。

　私自身、半生を振り返ってみると、英語に不自由しなかったことによって、大きなアドバンテージを得ることができたことを実感している。

　私はいまで言う不登校児の走りで、ろくに学校に通わなかった。だからこそ、悪しき日本の教育に染まることなく、自由に発想することができるようになったのだと思っている。そんな私であったが、英語だけはよく勉強した。英語を話せるようになることが、新しい世界へ通じる扉を開くことになると直感していたように思う。

家では毎日FEN（在日米軍による極東放送）を聴き、アナウンサーになったつもりで目に入る光景を英語で表現するトレーニングもした。2、3ヵ月すると、鳥の鳴き声のようにしか聞こえなかったFENの放送が突如言葉として聞こえるようになり、反射的に英語の表現が口をついて出るようになった。そして大学1年のときに通訳案内業試験に合格した私は、日本観光をする外国人を相手にガイド業のアルバイトを始めたのである（拙著『旅の極意、人生の極意』［講談社］を参照）。

　この経験は、実利としても、また後の私のキャリアを形成するうえでも、非常に貴重な財産となった。まず実利という点では、一回のガイドで当時の大卒初任給の何倍にもあたるチップをもらうことができた。もちろん、それだけのサービスは提供したという自負はある。そしてキャリア形成という面では、外国人に対して物怖じせずはっきりと物言いができるようになったと同時に、彼らの合理的な思考方法を吸収することができた。

　おかげで、マサチューセッツ工科大学に留学したときには語学で苦労するということはまったくなかった。それどころか、他の学生や教授にも一目置かれる存在となり、通常6年間くらい通わなければ取れないドクターの学位をわずか2年9ヵ月で取得することができた。また、マッキンゼーという多国籍企業で頭角を現すことができたのも、コンセプト力と英語という強い武器があったからである。もちろん、ビジネスやマネジメント全般におけるきちんとした実力を身につけたうえでの話だが、少なくとも英語が私に成功の扉を開いてくれたことだけは間違いない。

　私が英語を武器に、世界の舞台へ駆け上がったのはもう何十年も前のことだが、いまになっても日本人の英語音痴がまったく変わっていないのはどういうことだろうか。グローバルステージに活路を求める意気のある者なら、世界共通のコミュニケーション手段を身につけておくのは当然のことであろう（拙著『大前研一　新・経済原論』〈東洋経済新報社〉を参照）。

● 答えのない世界

◎思い込みの思考からいかに脱却するか

　さて、話をコンセプト力に戻そう。全体的な思考や新しい発想を拒むのは、「思い込み」や「先入観」という思考の壁である。ペンシルバニア大学ウォートンスクールのヨーラム"ジェリー"ウィンド教授は、その著書『インポッシブル・シンキング』（日経BP社）で、人々が持つ固有のフレームワークによって思考が固定されると指摘する。

　最新の脳科学の知見によると、人が世界を認識する方法は、大部分がその人が持つ「メンタルモデル」によって決まるという。誰しも固有のメンタルモデルに自分を取り巻く世界を当てはめようとする。要するに、人にはそれぞれの思い込みや先入観のフレームワークがあり、それによって物事を解釈してしまうということである。

　多くの人間は、思い込みや先入観に支配されていることに気がついていない。ゼロベースのクリアな状態で物事を見ているつもりでいるが、実は思い込みが思考を誘導しているのである。思い込みや先入観は、時に重大な判断の誤りを生むことがある。

　たとえば、このところ気になっているのが、日本の少子化問題の原因と対策についての議論である。

　政府は少子化担当相なるものを置いて、少子化対策に本格的に取り組み始めたが、そこで交わされる議論には首を傾げざるをえない。託児所、保育所を充実させ、女性が子供を産んでも仕事を続けられる環境を整備することが重要だという。たしかに、それは重要なことであると私も考える。優秀な女性が、妊娠・出産を機に社会の現場から去ってしまうのを非常に残念なことだと思っていた。

　しかし、問題の本質は女性の働きやすさにあるのではない。統計を見てみると、20代までに結婚した夫婦に限ってみれば、それほど出生率が低下していないことがわかる。つまり、少子化の最大の原因は、妊娠・出産すると働けなくなるので女性が子供を産むのをためらっているので

はなく、結婚しない男女が増加していること、あるいは晩婚化が進んでいることであることがわかる。

　安易な市場調査を行えば、女性の仕事や育児に対する不満や不信が大きな声として上がってくることだろう。それはそれで改善していかなければならない課題のひとつであることは間違いないが、問題はそうした声を少子化の原因と思い込んでしまったことだ。女性が子供を産んでも安心して働ける仕組みを作ったことによって出生率が高まったという海外の事例があることも先入観となったのかもしれない。そうしたミスリーディング、思い込みや先入観が原因となり、少子化対策としては見当違いの方策が話し合われている。

　極端なことを言えば、出生率を高めるためには、託児所や保育所を増やすよりも、「国営合コン」でも開催したほうがずっと成果が上がるのではないだろうか。私は決して冗談を言っているのではない。少子化は国の衰退を招く重大な危機であり、少子化の加速を阻むためには本当に効果のある結婚、あるいは出会いの場の増加策を早急にとらなければならない、と考えているのだ。

◎自分とまったく違う発想をする人間とタッグを組む

　思い込みや先入観に支配された思考では、物事の本質をつかみ取ることはできない。本質をとらえることができなければ、斬新な発想を生み出すこともできない。思い込みや先入観は、思考と行動に制約をもたらし、自由な発想を妨げてしまうからである。

　コンセプト力を高めるためには、思い込みや先入観のフレームワークから脱却することが必要だ。それには、まず自分がどのような思い込みや先入観にとらわれているのかを客観的に知らなければならない。

　しかし、自分の持っている思い込みや先入観を知るということは、簡単なようでいてむずかしい。差別的な言動を繰り返していながら、自分ではまったく差別をしているという意識のない人間がたくさんいるよう

に、思い込みや先入観に支配された思考で、自分の持つ思い込みや先入観を客観視することは不可能なのだ。

そこで、何らかの仕掛けを講じなければならない。もっとも簡単な方法は、自分とまったく違う思考のフレームワークを持つ人間と徹底的に議論してみることであろう。

考え方がまったく違う人間と議論をすると、自分の主張の依って立つ論拠やこだわっている事柄が浮き彫りになってくる。そして、相手の主張によって、その論拠やこだわりの土台がぐらついてくる。それが、思い込みや先入観であることが多い。

だが、自分の持つ思い込みや先入観に気がついたとしても、思考の傾向を変えるのはそれほどたやすいことではない。すでに身についてしまった思考形態は、ちょっとやそっとのことで修正することはできないのだ。

しかし、自分一人で変えるのではなく、チームとして変えるという発想を持つなら、思い込みや先入観から脱却し、コンセプト力を高めていくことも不可能ではない。つまり、自分とまったく思考のフレームワークの違う人間とタッグを組んで、お互いの過剰な部分を打ち消し合い、足りない部分を補うのである。

振り返ってみると、二人でタッグを組んで偉業を成し遂げた例は多い。ソニーを創始した井深大と盛田昭夫、ホンダの本田宗一郎と藤沢武夫、DNAの二重螺旋構造を明らかにしてノーベル賞を受賞したジェームス・ワトソンとフランシス・クリックなど、歴史に名を残した偉大なコンビの例は枚挙にいとまがない。そして、どのコンビもまったく正反対の性質であったことでも有名だ。

彼らはお互いまったく異なる思考のフレームワークを持っていたであろうことは想像にかたくない。自分と180度違う考え方をする人間と組むことによって互いの思考を補正・補強し合い、高いコンセプト力を発揮して、他の追随を許さない仕事を成し遂げたのである。

企業の場合を考えてみても、それは当てはまる。社内が活性化され、

勢いのある成長企業は、持ち味の異なる経営陣が密度の高い議論を繰り広げている。一方、同質の人間ばかりを集めた企業は、勢いをなくし、守勢にまわることが多い。最悪の場合、社長の暴走を誰も止めることができず、深刻な経営不振や"突然死"に陥ることも少なくない。

さて、問題は読者諸氏自身である。厳しい格差社会で脱落者となることを防ぐために、社内でもっとも自分と考え方が異なり、いままでは対立し嫌悪していた人間とタッグを組むことができるかどうか。選択するのは、自分自身である。

◎「突出した個人の時代」である21世紀に生き残るために

21世紀、我々は「答えのない時代」を歩んでいかなければならない。答えのない時代には、過去の常識などまったくあてにはならない。むしろ、20世紀の常識に当てはまることは、21世紀には陳腐な考え方になるだろう。

過去の成功方程式が通用しなくなるとき、成功者と脱落者を隔てるのは、本質を見抜き、新しいものを発想する力を持っているかどうかということである。21世紀のビジネス・プロフェッショナルは、コンセプト力を備えていなければならない。

21世紀がどんな時代になるかと問われれば、私は「突出した個人の時代になる」と答える。企業も、優れた個人のもとで栄えることになるだろう。優れた個人を抱える企業、地域、国家は繁栄するが、優れた個人を持たない企業、地域、国家は衰退していく。

そのような時代にあっては、個人にとって、大企業に勤めることも、プロフェッショナルな資格を取ることも、将来の豊かな生活を保障するものにはならない。人件費の安い国でできる仕事やコンピュータやロボットにできる仕事はどんどん代替され、能力の劣る個人は行き場を失っていくだろう。世界中の人が傾聴してくれる独自の思考、他より秀でた技術を持っていない人間はいつ淘汰の対象になってもおかしくはな

い。

　問われるのは、どの企業でどんな仕事をしているかということではなく、個人として何ができるかである。そのことを理解しているかどうかが、すべてのビジネスパーソンにとって将来の明暗を分けることになるにちがいない。

(Think! No.19 AUTUMN 2006 東洋経済新報社)

5. 21世紀型子育てのすすめ

(1)「好きなことをやる」と日本人はけっこう優秀な素地がある

◎日本の教育制度は平均値の高い均質な国民を作り続けてきた

　戦後の日本の学校教育システムは「加工貿易立国」のために作られたものです。簡単に言えば、大量生産・大量消費社会を目指した世の中のニーズに合わせて、平均値の高い均質な国民を作ろうという考えで出来上がりました。

　これは高度成長期までは非常にうまくいきましたが、経済が低迷する21世紀の今となっては、疑問符が付かざるを得ません。

　例えば、iPS細胞を開発した京都大学の山中伸弥教授もそうですが、やはり突出した一個人の影響というのは、ものすごく大きいわけです。たった1人の研究で、世界じゅうの流れが変わりました。iPS細胞は病気の治療にも使えるかもしれないと、世界中が一斉に研究開発を始めて、医療の現場での実用化を目指しているわけです。

　それは、1人の人間がいかに大きなトリガー（物事を引き起こすきっかけ）になりえるか、ということを示しています。今の日本では「突出した個人」が突破口を作ってまったく新しい分野を開拓しないかぎり、発展や成長は望めないのです。

● 答えのない世界

◎放っておいてもよくならない。自衛するしかない

　アメリカという国は、大多数が移民か移民の子孫で、一攫千金のチャンスをつかもうとする人たちが、ハリウッドやシリコンバレーをはじめ国じゅうにあふれています。アップル創業者のスティーブ・ジョブズにしても、父親がシリア人で、「ハーバード出のエリート」とは、別世界の人でした。

　ちなみに、比較的裕福な家庭に育ったマイクロソフト創業者のビル・ゲイツは、ハーバード大学には行きましたが、途中でドロップアウトしています。

　アメリカの場合は、依然として、海外からの刺激要因である異分子を自国の活力源として取り込むことができています。日本はそれができないために、このままでは経済が復活しないのではないかと思います。

　というのは、今の文部科学省の教育方針、カリキュラムを見るとわかりますが、やはり、まだ平均値を上げようとしています。そして、突出した個人を作るどころか、「卒業しても就職できない人は、3年目までは新卒と言っていい」とするなど、文科省全体で〝落ちこぼれ捕集器〟みたいなことをやっています。底辺を底上げすることに注力して、トップを引き上げることにはあまり関心がないようです。

　諸外国では、20歳ぐらいで大学を卒業させて〝ガンガン世界に出て行け〟と、国際競争力を重視した教育をしています。それなのに、日本は、「27歳でもまだ新卒」と、およそ国際競争力を無視した教育方針です。自国の病状を理解していません。ここにきて平均値の高い人をいくら作っても、底辺を底上げしても、中国の200分の1ぐらいの規模にしかなりません。

　だからこそ、「この国はほうっておいてもよくならない」「学校に任せておいたら20世紀型の人材にしかならない」という認識を持つ必要があるのです。

◎たとえば、桐朋の音楽学部……ヒントは既に日本の中にある

　日本にとっての救いは、文科省のカリキュラムのないところでは、突出した個人がいっぱい出てきて、若くして世界的に活躍しているということです。スポーツ界では、ゴルフ、水泳、フィギュアスケート、卓球、サッカーなどがそうですし、音楽の世界でも膨大な数の世界的な音楽家が登場しています。

　これは、何を意味しているかというと、日本人は文科省の頸木から離れて「好きなこと」をやらせると、けっこう優秀な素地があるということです。

　だから、ぼくは、文科省のカリキュラムが、21世紀型の「突出した個人」を作るという点において、非常に悪さをしていると思います。

　だから、カリキュラムを完全に自由化してしまったらいいんです。そうなれば、おそらく〝だめカリキュラム〟と〝いいカリキュラム〟に二分化されるでしょう。その結果、〝いいカリキュラム〟の学校が5校でも10校出てきたら、それでじゅうぶんです。

　たとえば、音楽教育で桐朋学園大学は、少数精鋭の独自の教育をしてきました。小澤征爾ほか、多くの著名な音楽家が輩出されましたが、当時は、東京芸術大学に対してのアンチとして、自由な校風でした。この桐朋がなかったら、日本の音楽界は今のようなレベルにならなかったと思います。

　また、長野県松本市の鈴木バイオリン教室（現・公益社団法人才能教育研究会）は、子どものバイオリン教育では、いまや世界的なメッカになっています。ヤマハ音楽教室も、ピアニストの養成では多大な影響を及ぼしてきました。

　そういうところを見ていくと、日本人をどうやって開発するのかという問題は、既に日本の中にヒントがあるのではないでしょうか。

(2)「有名大学→大企業→生活安泰」はいまや完全な幻想になった

◎クラスメートで最初に解雇される人になる

　子育て中の親の多くは、子どもには勉強していい学校に行ってもらって、それからいい会社に就職してほしい、そうすれば子どもの生活は安泰だからと考えていると思いますが、現実は違います。これからは、有名学校を出て大企業に行ったら、クラスメートで最初に解雇されるのは、まさにその人だと思ってください。パナソニックでさえ1万人の人員整理をしているご時勢です。

　21世紀の「答えがわからない」時代に会社を盛り上げていこうと思ったら、20世紀型の「先生の言うことをそのとおりやる」教育をされてきた人材では役に立たないのです。

　なぜなら、その人は、上司の言うことを聞いて、そのとおりやるのは得意かもしれませんが、上司でも立て直せない会社を、本人が上司になってその突破口を見つけなければならない立場になったときに、それができるのか、と言ったらやはり無理だと思うからです。

　いい学校に通って、大企業の入社試験に受かってよかったと言っても、それは入社の当日までだと思ってください。おそらく10年たったら、その人の競争力はなくなっていることでしょう。

(ゆほびかGOLD vol.17 マキノ出版)

第2章：子ども編
——21世紀を生き抜くための子どもの学び

1. 子どもたちが生きる21世紀におこりうる未来

文責：宇野令一郎

(アオバジャパン・バイリンガルプリスクール／アオバジャパン・インターナショナルスクール)

"20世紀の工業化社会、あるいは「欧米に追いつき追い越せの時代」ならいざ知らず、道なき道を自分の知恵と判断で歩いていかなければならない21世紀には、よく"調教"されてはいるが、答えや手本がないと何もできないような人間は最も価値が低いし、「生存力」も弱いのです。"

（大前研一「大前家の子育て（PHP文庫）」より）

　今この書籍を読まれている読者の多くは、ご自身の自己啓発上の興味から手に取られたと思うが、本章は皆さんの子どもたちに関する「未来への選択」をテーマとしている。子どもたちが生きる21世紀の期間は、我々大人よりも圧倒的に長く、不確実性に満ちている。本章は、そんな子どもたちが、何を身につけることを選択すべきか、大人はどのような支援を選択すべきか、考察してみたい。

　はじめに、子どもたちが今後数十年を現役として生きる日本の現状と将来の予測を、ここ数ヶ月（2017年1月現在）で発表された最新データとともに読み解いてみたい。これらの事実を把握することで、どのような能力が今後の日本で必要とされるのかのヒントが見えてくるだろう。

◎ GDP

2016年12月に内閣府が発表した国民経済計算確報では、2015年の日本の1人当たり名目国内総生産（GDP）は3万4522ドル、OECD加盟国で20位と発表された。この順位は2000年の2位をピークに緩やかに下降しており、国際比較において、日本の一人当たりの経済的な豊かさが劣ってきていることを示している。

◎人口減少

2016年10月、総務省が発表した平成27年国勢調査の確定値によると、日本の総人口は1億2709万5千人となり、1920年の調査開始以来、初の人口減となった。

主たる要因は、昭和22年の統計開始以降初めて年間の出生数が100万人を割り、少子化に歯止めがかかっていないことにある。また12月には厚生労働省により人口動態統計が発表されたが、それによると2016年の日本人の死亡数から出生数を引いた人口の自然減が31万5千人と、過去最多になる見通しである。自然減が地方都市1個分並みの30万人近い単位で生じる状況で、今後も毎年数十万人の人口が消えていく状況が見込まれる。

人口減少はかなり以前から推測されていた事で、政府は2014年5月、50年後に1億人程度維持するという中長期国家目標を設けた。2060年代というと、今のビジネスパーソンが生きているかわからない、そして子ども達が高齢者となってくるかなり先の話だが、国立社会保障・人口問題研究所はすでに2012年時点での2060年の人口を凡そ86百万人と推計している。2060年代に1億人程度の人口維持を国家

目標として掲げるならば、異なる言語と文化を有する多数の移民と共存する状況が発生しうる。

◎高齢化

少子化は高齢化をもたらす。国立社会保障・人口問題研究所の2012年時点での報告によれば、現状4人に1人（25％）程度の高齢者（65歳以上）の割合が、2033年に3人に1人、2060年には約2.5人に1人と推計している。さらに、65歳以上の高齢人口と20〜64歳人口（働ける現役世代）の比率でみると、今現在は概ね2人で1人を支えているが、2060年は1.2人で1人を支えることになる。

◎労働生産性

公益財団法人日本生産性本部が2016年12月に発表した「労働生産性の国際比較2016年版」によれば、日本の労働生産性水準（就業1時間当たり付加価値）は42.1ドル（4,439円）で、OECD加盟35カ国中20位であった。統計で遡ることができる1970年以来、日本人の労働生産性の低さは過去2-30年間変わっておらず、主要先進7カ国の中では最下位の状況が続いている。また2013年版通商白書によると、日本の労働生産性は全ての産業でアメリカの6割弱で、製造業でも7割、サービス業にいたっては5割となっている。

◎海外人口比率

国内人口と比較し海外人口の比率が高い国はそれなりにあり、例えばイタリアは海外人口が国内人口を上回っている。お隣の韓国は国民全体の14％が海外に出ている。日本は国民全体の2.2％しか海外に出ていない。

◎社会

2015年の野村総合研究所の発表によれば、今後10〜20年スパンで、日本の労働人口の約半数の人が従事する仕事はAIやロボットで代替しうると述べている。インターネットの普及により、検索すれば必要な情報を得られる現代において、既に記憶力や情報処理能力の重要性は格段に低くなっている。自分の頭で考えオリジナルのアウトプットを出せる人間が求められるようになりそうだ。

◎子どもたちの学びへの示唆

以上、今ある情報に基づいて現在と未来を俯瞰してきたが、日本にとって非常に厳しい内容が並んだ。今後移民政策など、国を二分しそうな政策転換がない限り、人口は減ることで21世紀に生きる子どもたちの日本国内でのビジネスチャンスは減っていき、高齢化が進むことで負担は増していく。結果として日本国内ではビジネスチャンスが相対的に減り、子どもの世代はより国外に活路を求める必要がありそうだが、海外に活路を求める日本人は未だ非常に少ない。

一方で、低生産性・海外日本人の少なさ・AIによる職業消失という3つのデータは、21世紀を生きる子どもたちにとってはまだ朗報かもしれない。AIにより消える職業があるとしても、本人が仕事の選択を誤らなければよいし、G7最低の労働生産性は、私たち大人の世代を反面教師として改善できる余地が非常に大きいという事でもある。

いずれにせよ、これからの子どもたちが直面する未来において、子どもたちは現在の延長線上ではなく、「生産性の高いビジネスを産み出す」「海外に活路を求める」といったよりドラスティックな変化への対応力

が求められる。そして既存の職業の半分がなくなり得る中、生涯にわたり、学びによって自らの力をアップデートする必要があるだろう。

21世紀を生きる子どもたちは、このような厳しい未来にむけ、何をどのように学ぶ選択をすべきだろうか。そして大人はどのような支援を選択すべきだろうか。

【コラム】
子ども英語教育特集
——早期から学ぶことの大切さ

グローバル社会といわれるようになって久しい。世界規模となったコミュニケーションにおいて必須となる手段が、世界標準語である英語だ。海外留学する人や、英語を駆使してグローバル企業で世界をまたにかけ活躍する人が増える一方、英語アレルギーを持ち内向き志向に走る人も多い。こうした二極化が進む中、わが子の英語教育に関心のある人は少なくないだろう。早期英語教育の重要性とその注意点を、東京インターナショナルスクール理事長の坪谷ニュウエル郁子氏に聞いた。

英語力は英語に触れた時間に比例

一般に、外国語学習は、その言語に触れた時間に比例して身につくものだといわれます。ある調査報告書によると、ドイツ人やフランス人が英語を習得するのに必要な時間は2400〜2700時間です。英語と親和性が高いドイツ語、フランス語でこれだけの時間が必要なわけですから、英語と親和性の低い日本語を母国語とする日本人が英語を習得する時間となると、それ以上の時間は最低でも必要ということになります。

これに対して、現行の日本の学校でどのくらい英語教育に時間が割り振られているかといえば、中学校で350時間、高校で437時間、合わせて787時間に過ぎません。英語の早期教育の必要性から、小学校でも英語の

授業が取り入れられることになりましたが、それでも学校教育では、1000時間の壁を破ることはできません。この圧倒的に不足した英語に触れる時間を、学校外の家庭の取り組みで補う必要があるということになります。ちなみに、英語圏の大学進学に必要な英語の学習時間は、5000〜6300時間ともいわれています。

仮に、3歳から毎日1時間、英語に触れる時間をつくったとして、1年間で365時間、12歳までの10年間で3650時間ということになります。大切なのは、何歳で英語学習を始めて、何歳をゴールとするのか、目標を明確化することです。もちろん、いつ英語を習得するかのゴールは、人それぞれでかまいません。大学入試もゴールの一つとなり得るでしょうが、人によっては、30歳までに英語を習得して、海外でもビジネスで渡り合えるようになる、という目標を立てるのもよいでしょう。

ただ、英語が大切だからといって、極端に走る必要もありません。私たちは日本人なのですから、日本語という素晴らしい母国語を大切にするべきだと思います。言葉には文化、歴史がつまっており、日本人というアイデンティティーを持った上で英語で海外の人とコミュニケーションできることが、グローバル人材となる条件です。インターナショナルスクールなどに入れて、海外の人と同化することがよいとは必ずしもいえません。私の運営する東京インターナショナルスクールでも、生徒の95％は外国籍の生徒です。人間は言語で思考しますが、英語で物事を考える子に育てたいなら入れてもかまいませんが、日本語で書かれたものを読み、日本人同士で深い議論をすることが難しくなるかもしれません。英語や海外の文化になじませたいから、という理由で、安易に選択したのでは、後悔することになるかもしれません。

思春期より前は体で覚える

言語には、一定の年齢を過ぎると学び方が変わる「臨界期」があるという学説があります。音の出し方以外の習得なら、年をとってからでもある程度は可能です。ただ、海外赴任した日本人で、小さい子どもの方がすぐに現地の言語音を習得するなど、年齢が言語の習得能力に大きく影響することは、なんとなくでも理解できると思います。

語学習得の臨界期は、思春期を迎える前の9〜10歳くらいです。人間はこの前後で言語の学び方が大きく違うのが特徴です。臨界期前は耳に入った言葉をあるがまま、聞こえるままに覚えるというやり方。臨界期を超えると、「これはこういうことなんだ」と理屈で覚えるようになります。

臨界期前から英語を学び、使えるようになっていても、臨界期をまたいで使っていなければすぐに忘れてしまいます。15歳くらいまでは、英語学習を継続しなければ定着しないのです。

しかし重要なのは、臨界期前にせっかく覚えた英語を忘れてしまったとしても、発音の仕方などは体が覚えているということ。理想は定着するまで、早い段階から受けさせた英語教育を継続することですが、実際には小学校高学年になると、中学受験で英語学習をお休みするケースも少なくないでしょう。しばらく離れていると、せっかく覚えた英語を忘れてしまいますが、体にしみついたものがあるわけですから、決してムダということはないと思います。

何より、小さいころからいろいろな国籍の外国人の先生と接する体験をすることは、非常に大切です。私たちの世代は、どこかに欧米コンプレックスがありますが、小さい子どもは肌の色や髪の色といったことを意識せず、受け入れることができます。そうした経験・記憶があれば、大人になったとき、グローバル社会で海外の人と対等に付き合えるようになるはずです。

海外には正しいかどうかはともかく言うだけ言ってみる、ダメならすぐあきらめるという文化があり、日本人同士のそれとはかなり違います。そうした文化に触れ、世界を知ることができるという意味でも、早期英語教育は大きな意味があるのではないでしょうか。

東京インターナショナルスクール 理事長
坪谷 ニュウエル 郁子 氏
神奈川県茅ヶ崎市出身。イリノイ州立西イリノイ大学修了、早稲田大学卒。1995年東京インターナショナルスクールを設立。同校は国際バカロレアの認定校。その経験が評価され、2012年国際バカロレア（IB）機構アジア太平洋地区委員。文部科学省とともに、教育の国際化のため国際バカロレアの普及に取り組んでいる。

企画・製作＝日本経済新聞社クロスメディア営業局　広告
（子ども英語教育特集　2016/7/16　日本経済新聞）

2. 変化する 21 世紀の教育とライフタイム・エンパワーメント

"21 世紀というのは、こうすればうまく行くという正解を誰も知らない時代、つまり「答えのない時代」"です。そうした中を生き抜いていけるのは、当然ながら、「決められた正解」を暗記するのがうまい人間ではありません。どんな状況でも「自分の頭で答えを考え出す力」や、それを伝えて人を動かしていく力を持った人間なのです。"

(大前研一「大前家の子育て（PHP 文庫）」より)

2.1. おこりつつある教育の変化

早送りしてみてきた日本と世界の現状と未来から翻って、日本の教育で今後おきそうなことを、こちらも 2017 年 1 月現在から過去数ヶ月間で発表された情報を元に俯瞰してみたい。

2016 年 12 月 21 日、文部科学省より、次期学習指導要領の答申「幼稚園、小学校、中学校、高等学校及び特別支援学校の学習指導要領等の改善及び必要な方策等について（答申）（中教審第 197 号）」が公開された。

学習指導要領は、時代の変化や子どもたちの状況、社会の要請などを

● 答えのない世界

踏まえ、約10年ごとに改訂されてきた。今回の改訂では、英語の強化といった学習内容の追加変更に加え、アクティブ・ラーニングに代表される「どのように学ぶか」という教授法へ焦点があたっている点に特徴がある。

小学校では、現在5年生から開始している「外国語活動」を3年生からに前倒しし、5・6年生では英語を正式教科（年間70単位時間）に格上げする。高校の地理・歴史は、日本と世界の近現代史を関連付けた「歴史総合」、世界の多様性を理解する「地理総合」を新設し、グローバル化する現代への理解を深めさせる予定となっている。

また、ディスカッション等による能動的な活動により問題解決力を高める「アクティブ・ラーニング」を導入する。一方で、学習内容は削減しない、としている（本質的に学習内容を削らずに「アクティブ・ラーニング」を実現することは非常に困難だが、それはひとまずおいておく）。

内容を読み進めると、今まで以上に、「何ができるようになるか」「何を学ぶか」「どのように学ぶか」を意識し、できるようになることの対象として、「知識・技能」「思考力・判断力・表現力」「学びに向かう人間性」が3つの柱として挙げられている。

更に、英語についても従来の「読む」「書く」「聞く」「話す」の4領域が、次期指導要領から「話す」を「話すこと（やりとり）」「話すこと（発表）」の2つに分けることとなり、よりアウトプットを重視する方向になってきた。このような科目追加の動きや、問題解決型の授業への対応は、前節で考察したような、子どもたちを待ち受ける未来にある程度は対応しているように見える。

このように見ていくと、日本の教育も徐々に起こりうる日本の未来か

ら逆算して、より良い方向に選択されているかのように見える。アクティブ・ラーニングは、ごく部分的に「総合的な時間」で取り入れられはしたものの、かつて日本で本格導入されたことはなく、教員たちの対応力が最大の課題となるだろう。

2.2. ライフタイム・エンパワーメント

実は海外に目を転じると、日本で実施しようとしているアクティブ・ラーニングを、更にアクティブに深めた手法が世界各地で実践されている。代表例としての「国際バカロレア」を後ほど紹介するとして、いま少し、教育の未来に関する考察事例を見てみることとする。

数十年にわたり膨大な教育理論を定点観測し、凡そ10年おきに纏め上げている教育理論の大家の一人である、米国のチャールズ・M・ライゲルースによる2016年の最新著書 "Instructional-Design Theories and Models - The Learner-Centered Paradigm of Education and Training - " では、予測不可能な未来の教育は「学習者中心パラダイム（Leaner-Centered Paradigm）」への転換が不可欠として、以下のような教育内容のシフトを提言している。

- **内発的動機付け**
  - 自らやりたいという気持ちに即した学び。
- **自己主導スキル**
  - 予測不可能な事態が起こった場合、自ら学んで頑張れるスキル。
- **完全習得**
  - 各自のペースで一つのことを完全に学びとるまでやることで自己肯定感を持たせる。これが、人生を通じて予測不可能なことが

● 答えのない世界

　　　生じたときに自ら学び解決できる能力を育てる。
　・**協働学習**
　　- 今まで以上にコミュニケーション力とコラボレーション力が重要。例えば経理業務自体はほぼ自動化されても、財務経理と経営を結びつける CFO という業務は経営層とのコミュニケーションやコラボレーションが必要とされ、AI やコンピュータで容易に代替されない。

　ライゲルースの記した書は、主に北米の読者に向けて書かれている。北米の教育は、日本と比べ既にかなり「学習者中心」で、協働学習・自己主導学習面で進んでいるにもかかわらず、21 世紀に向けて現状では不十分であると警鐘を鳴らしている点、注目に値する。

　またライゲルースの指摘したなかでも**自分で学びとる力（自己主導スキル）＝予測不可能な事態が起こった場合に自分でがんばることのできるスキル**、は、既に見たとおり変化が激しく見通しが厳しい日本を鑑みると、特に重要なスキルに思える。

　実はこれは、我々 BBT（㈱ビジネス・ブレークスルー）のミッションである、**LTE（ライフタイム・エンパワーメント＝生涯にわたり自分に活力を与え続ける源泉として学び続けること**（BBT にとってはそのような学びを提供すること））と非常に近い。変化が多い 21 世紀の世界と日本では、表面的な知識は陳腐化してしまうので、常に自らの頭脳をアップデートする必要がある。そのためには何を学ぶかを考える以前に、「生涯学び続ける意欲」が備わっている必要があるといえそうだ。

　これから 80 年近くを生きるであろう子どもたちに、「生涯学び続ける意欲」をどのように身につけさせればよいだろうか。限られた紙面で議論するには大きすぎるテーマだが、そのヒントとして以下に、学習意

欲デザインの第一人者である J.M. ケラーの ARCS 動機づけモデルを紹介したい。

2.3. 生涯学び続ける人を育てる

　ARCS（アークス）動機づけモデルとは、学習意欲を J.M. ケラー氏が開発した学習意欲を高めるための授業設計モデルで、膨大な動機づけに関する教授設計理論・実践そして心理学分野らの知見を統合し、授業設計者にむけて開発された、以下の 4 段階からなるモデルである。

- **Attention（注意）**：「面白そうだな！」
    - 何かありそうだ、と学び始めるきっかけを作る。「好奇心」がキーワードとなる。
    - 例えば、学習課題に関連した好奇心をくすぐるストーリー・写真や、サプライズのあるアクティビティ・質問からはじめる。

- **Relevance（関連）**：「自分の興味と関係ありそうだな！」
    - 自分の関心領域とのかかわりに気づき、やりがいがありそうだ、と感じる。
    - 大人であれば仕事との関連性、子どもであれば、既知のことと学習課題（未知）のことを結びつける。

- **Confidence（自信）**：「できた！」
    - 課題が達成可能で、小さな成功体験を重ね、「やればできる」と感じる。
    - 単純にできればよいわけではなく、チャレンジングなことについて知的工夫を重ねさせながら、自力でやり遂げさせる。

- **Satisfaction（満足）**:「楽しかった、またやりたい！」
  - 内的・外的報奨により達成感を強化し、次の学習意欲につなげる。

　このような学びのきっかけから自信・満足までのプロセスをあらゆる学びで繰り返すことで、学びの意欲は向上し続ける。学習者中心の能動的な学習を設計したい教育者、そして家庭学習を実践したい親にとってもシンプルで使いやすいモデルである。

　なおARCSは大人・子どもを問わず適用可能なモデルだが、本章の対象である子どもの教育については、前半の「Attention」「Relevance」のきっかけ作りには**「好奇心」**、後半の「Confidence」「Satisfaction」には**「自己効力感」**が重要な要素となる。家庭での子育ての選択において参考になる点も多いので、J.M. ケラー博士の著書「学習意欲をデザインする（J.M. ケラー、北大路書房）」から、好奇心と自己効力感に関する知見を紹介したい。

◎好奇心

- 好奇心とIQは正の相関は見えていない。
- しかし**好奇心と学力とは正の相関**があり、好奇心は良い学びを誘発することが分かっている。
- 好奇心の高いグループと低いグループに氷に関する普通でない質問を作るよう指示し、創造性を調査した結果、時間の制約を設けた場合に差異はでなかったが、制約を設けなかった場合は、高い好奇心を持つ子が多くの質問を作った。
- 好奇心の高い子は、自己を信頼しており、個人的自由の感覚が高く、不安感が少ない。

さらに、読者に役立つかもしれないデータとして、好奇心が高い子どもの親の傾向に関する2つの調査結果がある。

・好奇心の高い子どもグループと低い子どもグループに分類し、親の態度と子の好奇心の関連を調査した結果、高い好奇心を持つ少年の親は、子どもの独立心を育み、親子間に平等主義がある（頭ごなしでない）。
・目新しいものと見慣れたものの両方がある遊戯部屋での母子の行動を調査した結果、高い好奇心と社会性を持つ子どもの母親は、「高い好奇心を有し」「感情はポジティブで」「多い質疑応答があり」「子どもを拘束せず」しかし「常に意識を子どもに向けていた」。

◎自己効力感

自己効力感（self-efficacy）は、心理学者アルバート・バンデューラが提唱した、ある課題に直面したときに自分はやり遂げることができると、自分自身を信じられる力をさす。高い自己効力感はたゆまぬ努力をもたらし、結果的に高いゴールを達成するので、自己効力感→努力→成功→自己効力感のスパイラルをもたらす。

以下のことが学びと自己効力感の関係で分かっている。

・高い自己効力感を持つ学生は低い自己効力感を持つ学生よりも良い成果を出す。
・高い自己効力感と不確定な成功確率を組み合わせたとき、高いレベルの努力を刺激することができる。
・高い自己効力感を持つ生徒に簡単な教材を与えると、過剰な自信を生みよい結果は得られない。

では自己効力感はどのように生まれるのか。バンデューラは4点指摘している。

①達成感：
- 成功した達成体験は高い自己効力感を作り上げる（逆に失敗し続けると自己効力感は下がる）。
- 簡単すぎる成功は、自己効力感を発達させない。

②代理経験
- 周囲の成功から「あの人ができるなら私もできる」と感じること。
- 「あの人」は誰でも良いわけではない。年齢や自分との類似性等から共感を持てるモデルである必要がある。

③言葉による説得
- 成功することができると他者から言われること、または自分に言い聞かせることも含めて意味がある。
- 逆に、低い自己効力感の人への他者からの言葉による批判は、破滅的な影響を与えることがある。

④感情的な喚起
- 過度の緊張・不安・疲労など、感情的な喚起が高すぎると自己効力感を下げる。
- 欲求が無い状態など、感情的な喚起が低すぎても、自己効力感を発達させない。
- 感情的に適切に落ち着いておりポジティブな心理状態であることが、高い自己効力感をもたらす。

以上、自己効力感の高い子どもを育む4つのポイントを紹介した。学習意欲を生み出すうえでもうひとつ重要なのは、その自信と成功を与える上で、高すぎも低すぎもしない、既存の知識を踏まえてチャレンジングな課題を提示することである。ここで「発達の最近接領域」という概念を紹介する。

答えのない世界 グローバルリーダーになるための 未来への選択ブックフェア

大前研一ワールド

大前研一通信 特別保存版 Part.X

ビジネス書を「読んで!」×映像を「見て!」＝更に「身につける!」

内なる「思い」に火をつける! 答えのない世界で生き抜く「未来への選択」とは?

電子書籍版 **2017/3月上旬リリース!**（予定）
定価1000円（予定） ビジネス・ブレークスルー出版

オンライン書店「shinanobook.com」、kindleストア、楽天Kobo 他でリリース!（予定）

対応端末：PC、iPhone、iPad、Android、Tablet

3月10日(金)発売! 定価（本体1,300円+税）
ビジネス・ブレークスルー出版

大前研一通信 特別保存版 Part.X

大前通信の情報は	http://www.ohmae-report.com/
フェイスブック	https://facebook.com/ohmaereport
「答えのない世界」他の情報は	http:/keigan.info

電子書籍も要チェック!

大前研一の秘蔵映像を収録したDVD付! 1,500円+税 ビジネス・ブレークスルー出版

 考える人の育て方

 挑戦 異能を開発する

 パスファインダー 進化する教育

 警告 慧眼

プロフェッショナル イングリッシュ
——世界に通じる英語力

 2017/2/24 発売
大前研一 アイドルエコノミーで稼げ!
——"空き資源"は宝の山

テクノロジー4.0
大前視点で斬る! Fintech、IoT、金融情報、AI
「つながり」から生まれる新しいビジネスモデル

 2017/3/17 発売予定
「老後不安不況」を吹き飛ばせ!
これが真の解決策だ!

大前研一ビジネスジャーナル No.12
21世紀の人材戦略

君は憲法第8章を読んだか
大前研一

低欲望社会
「大志なき時代」の新・国富論

大前研一 日本の論点 2017～18
テーマは「知性」の復権だ!

オンラインでのグローバル人材育成のパイオニア **ビジネス・ブレークスルー** 関連書籍ブックフェア第12弾!!
http://www.bbt757.com/book/17/

大前研一の発信が丸ごと読める唯一の会員制月刊情報誌「大前研一通信」

大前研一通信 送付版会員 専用申込書

* 「大前研一通信」の詳細は、http://www.ohmae-report.com/ をご覧下さい。
* 送付会員以外の Ⓐ Ⓒ の会員申込希望の方は http://www.ohmae-report.com より お申込下さい。(PDFをご利用頂くためにはメールアドレスのご登録が必須です。)
* **BBT関連書籍ブックフェア第12弾 開催記念キャンペーン実施中!!**
  (期間限定:2017年6月末日まで) ※キャンペーン期間延長、詳細等は、事務局までお問い合わせ下さい。

お申込の流れ

1. 本申込書の記入 → 2. 事務局までご連絡 (FAX/郵送) → 3. 料金のお支払い Eメール、郵送等でご案内いたします → **購読開始のご案内** (大前通信)

1 2 申込書の記入・事務局へのご連絡

大前通信年間購読料・会員区分

	年間購読料		
会員区分	個人	5冊セット	海外個人
Ⓐ PDF会員	9,524円	28,572円	9,524円
Ⓑ 送付会員	9,524円	28,572円	11,905円
Ⓒ PDF+送付会員	11,429円	34,286円	13,810円

	サービス内容/購読会員種別	Ⓐ PDF会員	Ⓑ 送付会員	Ⓒ PDF+送付会員
大前研一通信 (お届け方法)	PDF版ダウンロード 5日発行にて専用URLにUP	○		○
	印刷物 10日発行でお届け (A4版 40〜48頁)		◎	○
AirCampus®	大前通信記事紹介閲覧 (PDFデータ等での速報)	○		○
	フォーラム参加 (ディスカッション参加・閲覧)	○		○
	ニュース機能 (RSSリーダーで情報を入手)	○	◎	○

お申込名

フリガナ		性別	男・女	メールアドレス	
お名前		生年月日	19 年 月 日	大前通信会員番号	※大前通信会員の方はご記入ください。
ご住所	〒□□□-□□□□				
TEL			FAX		

お申込内容

□ Ⓑ送付会員

※ □ 5冊セット・海外会員をご希望の方
  (資料を送付いたします)

3 料金のお支払い

Eメール、郵送等でご案内いたします。

■個人情報の取扱いについて
ご記入いただいた個人情報につきましては、お申込頂いた商品の発送、事務連絡や弊社サービスに関するお知らせに利用させて頂きます。
個人情報の開示・訂正・削除等に関しては以下の相談窓口までお問合せ下さい。
<個人情報・苦情・相談窓口>
TEL:03-6271-0757

いますぐ、この用紙にご記入のうえ、下記までFAXしてください。

FAX ▶ 03-3265-1381

〒102-0084
東京都千代田区二番町3番地麹町スクエア2F
TEL : 0120-146086
株式会社ビジネス・ブレークスルー 大前研一通信

未来への選択ブックフェア
答えのない世界 グローバルリーダーになるための

大前研一ワールド

大前研一通信 特別保存版 Part.X

ビジネス書を「読んで！」×映像を「見て！」＝更に「身につける！」

内なる「思い」に火をつける！答えのない世界で生き抜く「未来への選択」とは？

電子書籍版 **2017/3月上旬リリース！**(予定)
定価1000円（予定）ビジネス・ブレークスルー出版

オンライン書店「shinanobook.com」、kindleストア、楽天Kobo 他でリリース！(予定)
対応端末：PC、iPhone、iPad、Android、Tablet

3月10日(金)発売！ 定価(本体1,300円+税) ビジネス・ブレークスルー出版

大前研一通信 特別保存版 Part.X

大前通信の情報は	http://www.ohmae-report.com/
フェイスブック	https://facebook.com/ohmaereport
「答えのない世界」他の情報は	http://keigan.info

 電子書籍も要チェック！

 "考える人"の育て方

 大前研一の秘蔵映像を収録したDVD付！ 1,500円+税 ビジネス・ブレークスルー出版

 プロフェッショナル イングリッシュ ——世界に通じる英語力

 大前研一監修 アイドルエコノミーで稼げ！——"空き資源"は宝の山

2017/2/24 発売 テクノロジー4.0 大前視点で斬る！Fintech、IoT、仮想通貨、AI
 テクノロジー4.0 「つながり」から生まれる新しいビジネスモデル

2017/3/17 発売予定 「老後不安不況」を吹き飛ばせ！ これが真の解決策だ！
 「老後不安不況」を吹き飛ばせ！

異能を開花する／挑戦／進化する教育／パスファインダー／慧眼／警告

 大前研一ビジネスジャーナル No.12 21世紀の人材戦略

 君は憲法第8章を読んだか

 君は憲法第8章を読んだか 大前研一

 低欲望社会「大志なき時代」の新・国富論

 日本の論点 2017〜18 大前研一 テーマは「知性」の復権だ！
 日本の論点 2017〜18

オンラインでのグローバル人材育成のパイオニア
ビジネス・ブレークスルー
http://www.bbt757.com/book/17/

関連書籍ブックフェア第12弾！！

大前研一の発信が丸ごと読める唯一の会員制月刊情報誌「大前研一通信」

大前研一通信 送付版会員 専用申込書

* 「大前研一通信」の詳細は、http://www.ohmae-report.com/ をご覧下さい。
* 送付会員以外のⒶ Ⓒの会員申込希望の方は http://www.ohmae-report.com より お申込下さい。（PDFをご利用頂くためにはメールアドレスのご登録が必須です。）
* **BBT関連書籍ブックフェア第12弾 開催記念キャンペーン実施中!!**
  (期間限定：2017年6月末日まで) ※キャンペーン期間延長、詳細等は、事務局までお問い合わせ下さい。

お申込の流れ

1. 本申込書の記入 → 2. 事務局までご連絡（FAX／郵送） → 3. 料金のお支払い（Eメール、郵送等でご案内いたします） → 購読開始のご案内（大前通信）

1 2 申込書の記入・事務局へのご連絡

大前通信年間購読料・会員区分

会員区分	年間購読料 個人	5冊セット	海外個人
Ⓐ PDF会員	9,524円	28,572円	9,524円
Ⓑ 送付会員	9,524円	28,572円	11,905円
Ⓒ PDF＋送付会員	11,429円	34,286円	13,810円

	サービス内容／購読会員種別	Ⓐ PDF会員	Ⓑ 送付会員	Ⓒ PDF＋送付会員
大前研一通信（お届け方法）	PDF版ダウンロード 5日発行にて専用URLにUP	○		○
	印刷物 10日発行でお届け（A4版 40〜48頁）		◎	○
AirCampus®	大前通信記事紹介閲覧（PDFデータ等での速報）	○		○
	フォーラム参加（ディスカッション参加・閲覧）	○		○
	ニュース機能（RSSリーダーで情報を入手）	○	◎	○

お申込内容
□ Ⓑ送付会員
※ □ 5冊セット・海外会員をご希望の方
　（資料を送付いたします）

3 料金のお支払い

Eメール、郵送等でご案内いたします。

■個人情報の取扱いについて
ご記入いただいた個人情報につきましては、お申し頂いた商品の発送、事務連絡や弊社サービスに関するお知らせに利用させて頂きます。
個人情報の開示・訂正・削除等に関しては以下の相談窓口までお問合せ下さい。
<個人情報・苦情・相談窓口>
TEL:03-6271-0757

いますぐ、この用紙にご記入のうえ、
下記までFAXしてください。

FAX ▶ 03-3265-1381

〒102-0084
東京都千代田区二番町3番地麹町スクエア2F
TEL：0120-146086
株式会社ビジネス・ブレークスルー　大前研一通信

◎ ZPD（Zone of Proximal Development）──発達の最近接領域

　ZPDは、国際バカロレアでも重要な概念としてしばしば引用される、ロシアの心理学者であるヴィゴツキーによって提唱された考え方である。

　ドーナツを思い浮かべてみてほしい。ドーナツの空洞を「既存知識、一人で解決できる学習領域」、ドーナツの外側を「発達段階から未成熟なため、解決できない学習領域」とすると、ドーナツの輪そのものがZPDにあたる。つまり、「今現在は解けていないが、支援を得ることによって達成可能な領域」を指す。

　筆者の近隣には、子どもたちが信号や標識のある環境で自転車の練習をしたり、信号が青になれば進む、赤になれば止まるといったことを自然に学んでいく交通公園がある。ここでは、「補助輪つき」「補助輪無し、親の手押し棒つき」「補助輪無し」の3種類の練習用自転車がある。幼児はいきなり補助輪無しでは自転車の乗り方をうまく学ぶことができない（ドーナツの外）。しかし、「補助輪つき（ドーナツの中＝ZPD）」からはじめれば、自力でできるようになり、次に手押し棒つきで親や教師の支援を得ながら、最後は完全に自分でこげるようになる。

　簡単すぎても良くないが、発達段階以上に高すぎる内容は挫折を生み、学習意欲に不可欠な自信と満足を与えない。ZPDは、学習内容を計画する際、子どもたちの発達段階や前提知識（ドーナツの空洞）を踏まえ、既知のことや周囲の環境（教師の支援を含む）を生かして新たな学びにつなげることが重要ということを教えてくれる。大人から見て意義ある内容や好奇心を刺激すると感じる課題も、発達段階から早すぎて好奇心にも自己効力感にも逆効果ということもありうるのである。

● 答えのない世界

　非常に好奇心がある内容に関する課題がチャレンジングなものであった場合、その取り組みは理想的になる。好きなことであれば、高いゴールでもやり遂げようとするからだ。結果として自己効力感育成にも寄与する。

　本節のしめくくりにケーススタディとして、「失敗」を好奇心及び自己効力感の動機付けに結びつける授業事例を紹介する。

【コラム】
Beautiful Oops! and the Importance of Making Mistakes 『やっちゃった・・・でもだいじょうぶ！』と間違えることの大切さ

Nozomi Senga –Aoba-Japan Bilingual Preschool K5 Classroom Teacher

　新しい学年がスタートするとき、私はバーニー・ソルトバーグの Beautiful Oops!（邦訳：『やっちゃった・・・でもだいじょうぶ！』おがわ やすこ訳）を通じて、子どもたちが間違いを何かとても素敵なことに変えることができることを学ぶアートクラスから始めます。この仕掛け絵本は、幼児期の子どもたちを引き付ける明るい鮮やかな色彩と、様々なアート表現で満ち溢れています。そして子どもたちに「ミスは起きるもの、でも大丈夫！」ということを思い出させてくれます。

　『やっちゃった・・・でもだいじょうぶ！』は、汚れやシミ、角の折れた紙や破れた紙切れなど、私たちが普段目にする何気ない物を美しいアート作品に変える楽しさを教えてくれます。子どもたちは、一体何ができるのかワクワクしながら、自分たちでも気がついていない自分自身の中の創造力の引き金を引くことになる

のです。

　まず、この本を読むこと（読み聞かせ）から授業を始め、それからアートの時間 - 例えばコーヒーをこぼしてしまってシミで汚れた紙を使った - に移ります。子どもたちは、Senga 先生の犬が不器用で、先生のモーニング・コーヒーをアートの授業で使う紙の上にひっくり返してしまった！というような裏話が大好きです。それから私は、子どもたちに様々な画材 - 水彩絵の具やパステル、マーカーやクレヨン、ハサミや色鉛筆 - を使ってコーヒーのシミを何か別の物に作り変えるよう指示します。子どもたちは汚れたコーヒーのシミをパックマンから抽象的な夜空の景色にまで、様々に作り変えてしまいます。

　子どもたちが、その後、年間を通じて "Beautiful Oops"（やっちゃった…でも大丈夫！）という言葉を使っているのを聞くのは、このアクテヴィティをやってよかったと感じる瞬間です。ある子が何かを間違えた際に、別の子が "OK、それ Beautiful Oops! に変えちゃいなよ！" と言っているのをしばしば耳にします。このアクテヴィティは、物事がいつも思い通りにいくわけではないということ、そしてそれはそれでいいのだということを思い出させてくれます。私は、子どもたちが自分のイライラした感情を、破壊的なことではなく創造的なものへと昇華させるのを何度も見てきました。子ども達の可能性は無限です。皆さんも彼らが創り出すものにビックリさせられることでしょう。

次節において、本節で見てきたライフタイム・エンパワーメントを最大化させるプログラムの一例として、3歳から12歳を対象とした、国際バカロレア（IB）の初等教育プログラム（PYP）を紹介する。邦訳書「幼

児教育の経済学」も出版され、日本でも知られるようになったノーベル賞受賞の経済学者ジェームズ・J・ヘックマンが、幼児期の教育は小・中・高校・大学の教育よりも投資対効果が高いと指摘した通り、幼児初等教育は、答えのない世界における子どもの「未来への選択」に大きな影響を与えうる。

IBにおいても、プログラムを開発する際には、以下の4つが基準となっており、先に紹介した学習意欲のARCSモデル（注意喚起→関連性→自信→満足）と考え方は類似している。

- 意欲喚起：　児童がみずから好奇心をもつ内容
- 関連性：　　児童の既知の知識・経験・児童を取り巻く現実に関連した文脈である
- チャレンジ：挑戦したい、と思わせられる活動内容
- 意味：　　　教科の枠を超えた本質の理解に繋がるもの

IBのこだわりは最後の「意味：教科の枠を超えた本質の理解に繋がるもの」の部分であり、この点を中心に次節から見ていくこととする。

3. 国際バカロレア －生涯学び続ける人材を生み出す教育体系－

"IBのプログラムは、世界各地で学ぶ児童生徒に、人がもつ違いを違いとして理解し、自分と異なる考えの人々にもそれぞれの正しさがあり得ると認めることのできる人として、積極的に、そして共感する心をもって生涯にわたって学び続ける（"lifelong learners"）よう働きかけています。"

(IBの使命 –IB Mission Statement- より抜粋)

3.1. 国際バカロレアとは

国際バカロレアについては、2015年出版のBBT書籍「グローバルに通用する異能を開花する」で概要を紹介した。また日本における具体的事例は、2016年出版の「考える人の育て方」にて紹介しているが、国際バカロレアに初めて触れる方のために、簡単に国際バカロレアについて紹介しよう。

国際バカロレア（International Baccalaureate、以下「IB」）とは、1968年に設立したスイスを拠点とする非営利団体を指す。当初のIBの目的は、外交官や国際企業の子女など海外を移動しながら教育を受ける生徒のために、世界のどこの大学にも通用する入学資格（ディプロマ）と教育プログラムを構築することで、インターナショナルスクールの教

師が中心となってカリキュラムを開発していった。2016年12月1日現在、世界140以上の国・地域、4,677校において実施。現在主なプログラムとして、年齢に応じ以下の3つがある。

PYP（Primary Years Programme）　　3-12歳対象
MYP（Middle Years Programme）　11-16歳対象
DP（Diploma Programme）　　　　　16-19歳対象

これらの全てに一貫した重要コンセプトとして、IBが育みたい人物像として10のIB学習者像（IB Learner Profile）がある。

「探究する人・知識のある人・考える人・コミュニケーションできる人・信念のある人・心を開く人・思いやりのある人・挑戦する人・バランスの取れた人・振り返りができる人」

本節の冒頭のIBのミッションに、「生涯にわたって学び続ける」がキーワードに入っているが、このミッションの実現のため、カリキュラムのコアとして、**Inquiry-based Learning**「**探究型学習**」を掲げており、生涯学び続ける人を育む優れた仕掛けとなっている。

3.2.IB-PYPとは

学び続けるひとを育む仕掛けはどのように構築されているのか、国際バカロレアのPYPの探究型学習を例にとって考察してみたい。PYPでは、3歳の幼児期から、国際的視野を育むことも睨みながら地球規模の重要性を持つテーマを提示し続ける。国際的視野は、以下の3つのポイントで育んで行く。

- IB 学習者像を通じて：IB では IB の学習者像に示される特性を育む。
- 指導計画を通じて：　個人、地域、国、そして世界に目を向けた課題をとりあげる。
- 第 2 言語を通じて：　7 歳以上の生徒に、第 2 言語の言語教育を行うことを必須としている。

　IB の理論的背景の一つにヴィゴツキーの構成主義アプローチがある。少々専門的だが、構成主義において学習とは「個人が持つ過去の知識と新しい知識が結びつき、新しい意味が形成されること」、と定義している。

　従って PYP でとりあげる学習テーマは、学習者を取り巻く世界と本質的に結びついているものであり、現実と関連性のあるものが重視される。また、学習者自身が学びの主導権を握り、自主的で自発的な学習を行うことが奨励されるため、先生の役割は、一方通行で教えるティーチャーではなく、ファシリテーターである。

◎ PYP のカリキュラムフレームワーク

　では PYP の具体的なフレームワークを、以下の 3 つの視点から見ていきたい。

1) 指導計画：　PYP では、何を学ばせたいのか -Written Curriculum-
2) 授業の方法：PYP では、学ばせたい内容をどのような授業で展開するのか -Taught Curriculum-
3) 評価計画：　PYP では、どのように学んだ内容を評価するのか -Assessment-

3.3. 何を学ばせたいのか──指導計画

「真の意味で教養を身につけるには、児童は夫々の教科の間に関連を見出し、別々のテーマを結合する方法を発見し、最終的には学んだことを自分の人生に関連付けることができなければなりません（IB公式文書『PYPの作り方』より、アーネスト・ボイヤーの言葉として）」

国語、算数、理科、社会、音楽、体育、道徳、、、「小学校ではどんなことを教えるのか」と尋ねられた場合、まず科目名が思いつくのではないだろうか。または「読み・書き・そろばん」かもしれない。いずれも網羅性のある「知識」体系を身につける、ということが思い浮かぶ。

しかし、以下PYPの「5つの基本要素」にあるとおり、PYPにおいて「知識」は5つの基本要素の1つに過ぎない。

- **知識**： 児童に探究を通じて知ってほしい内容
- **概念**： 教科を超えた、ものの考え方・思想
- **スキル**： 変化する世界で児童が習得すべき能力
- **姿勢**： 学習・環境・人間に対する価値観・姿勢
- **行動**： 責任ある行動ができることの証明、ほかの基本要素を実践した結果

ほかの4つは、カリキュラム体系として、なじみがない方が殆どではないだろうか。PYPを紐解くために、この5つの要素を順に見ていくこととしたい。

◎知識

 まず、我々には身近に見えるが5分の一の要素でしかない「知識」から、PYPではどのような知識体系を学ばせたいと思っているのか、見ていこう。

 日本の学校でもなじみのある「言語（国語）」「算数」「理科」「社会」「体育（身体・人格・社会性）」「芸術」といった6つの教科は、PYPにおいても、知識体系を構成する要素として確かに規定されている。従って、PYPは知識体系を無視しているわけではないし、教科ごとの「学習範囲と順序（Scope & Sequence）」というガイドラインで、段階別の到達目標が記載されている。

 しかしながら、PYPでは知識を教科別で教育することを、理想的な教育とは考えていない。全部ではないが、大部分において、「**教科横断型（Transdisciplinary）**」で学ぶことが義務付けられている。現実世界で直面する問題は科目ごとにおきるわけではないから、教科横断型でなければ実践に即した学びとならないと考えられているのである。

 この考えに基づくと、例えば国語分野のひとつに文字教育があるが、ひらがな文字がどれだけ書けたかはゴールではなく、言語を通じて、論理的思考力を養い、論理的思考力を通じ、言語を使って自己表現力を増やすことに評価上の重きが置かれる。算数分野であれば、九九や暗算はゴールではなく、数を使って現実的な課題を解決することが評価される。知識はあくまで現実社会での適用に使うためのツールであり、教科横断型の思考力、創造力、表現力をつけるための基礎素養という位置づけである。

◎教科横断型の学び

 では、教科横断型の学びをどのように行うのだろうか。PYP は 1 年間に行う教科横断型のテーマとして、以下の 6 つを選定している。

- **私たちは誰なのか**:
   自分自身の価値観、家族やコミュニティとの人間関係と責任
- **私たちはどのような場所と時間にいるのか**:
   社会的な内容が含まれる
- **私たちはどのように自分を表現するのか**:
   自己表現や創造性の発展
- **世界はどのような仕組みになっているのか**:
   自然界・科学の法則等。理科的な内容が含まれる
- **私たちは自分たちをどう組織しているのか**:
   組織、社会、経済活動の仕組み
- **地球を共有するということ**:
   地球資源について、ほかの生物とのかかわり

 これを探究の 1 単元（Unit of Inquiry）として、発達段階を考慮し、3-5 歳の間は年 4 つ程度、5-6 歳以上は、6 つ全てをカバーするよう設計する。毎週の時間割を見ると、教科特化型の時間はわずかで、テーマ学習時間が大部分を占める。分かりやすく言えば、殆どの時間が日本の教育で言う「総合的な時間」なのである。PYP では、「言語（国語）」「算数」「理科」「社会」「体育（身体・人格・社会性）」「芸術」といった 6 つの教科の上に教科横断型テーマがあり、その下に、テーマに関連した知識項目として科目別の内容が組み込まれている、という構成になっているのである。

「総合的な時間ばかりで、知識体系をしっかり詰め込めるだろうか?」と疑問に思うだろう。この問いに関する答えは明快で、PYPでは、探究型学習にとって重要でない細かい知識は、無理して詰め込まず排除してよいと、ある意味割り切っている(必然的に、知識量の網羅性を重視する日本の小学校において、PYPを導入するにはそれなりに検討事項が必要となる)。

なお、テーマ設定は各学校にゆだねられているが、PYP責任者を含む複数の教師の共同作業を通じ、学校全体の責任において作成することが義務付けられているため、個々の教師の興味関心で授業が成り立ってしまうことを防いでいる。

【コラム】
動物をテーマにした探究型学習

Maria Llaban Aoba-Japan Bilingual Preschool, K2/3 classroom teacher

年少児クラスの子どもたちに、動物をテーマとした教科横断型の探究型学習のユニットの導入として、子どもたちに「もし私たちがクラスにあるものをシェアしないとしたら、どうなりますか?」と尋ねることから始めました。消しゴムがいるのにもし友達が貸してくれなかったら? 鉛筆を削りたいけど誰も鉛筆削りを貸してくれなかったら? もしおもちゃを友だちがシェアしてくれなかったら? もし皆がシェアするのを嫌がったら?シェアすることは大事なの?

次に私たちは自分の家を誰とシェアしているのかを考えました。子どもたちは、自分の家族をひとりずつ挙げていきました。子どもたちはその前のユニットで「家族」をテーマにしているので、家族については理解しています。次に私たちは誰と世界をシェ

アしているのか？　と聞いてみました。"動物"、"他の（国の）人達"、"木"という答えが返ってきました。

　子どもたちは動物について、例えば鶏、牛や豚、そして私たちが動物とシェアできる物についてもっと詳しく考えてみることにしました。「鶏は卵をくれるよ！」、「牛のミルク！」、「豚はベーコンをくれるよ！」。子どもたちは口々に思いつくものを教えてくれます。「動物たちに感謝の気持ちを伝えるにはどうしたらいいの？」と尋ねてみると、「動物たちの世話をするよ」、「餌をあげないと」、「飲み物と素敵なお家をあげよう」、「優しく撫でてあげようよ」「お風呂に入れてきれいにしてあげよう」と次々と答えが。子どもたちがどのように感謝の気持ちを表そうかと一生懸命考えていることがわかります。

　この話し合いによって、子どもたちは動物たちをどのようにケアするのかを自分自身で考え、想像力を働かせ、自分の言葉を使って表現することを学びました。それから、自分たちが世話をしている動物の絵を書いてみました。"Happy Animals"という動物の絵を描きながら、子どもたちは色々なことを話し合いました。そして動物になりきって遊んでみたり、社会的な対話があったりすることを通じて、新しい言葉もたくさん覚えていきます。

　また、このユニット活動の期間は、教科横断型で同じテーマを活用していくので、音楽の時間も動物が登場する歌を歌い、数やものの順序を学ぶときの道具も動物の人形や絵を使って、彼らの関心領域と学んでもらいたい内容を結び付けていきます。

動物をみて感じよう！

　探究活動は教室内だけにとどまりません。遠足も探究テーマに

合わせた場所に行きます。これは、動物がどんな姿をしていてどんな声で鳴くのかを実際に動物園に行って自分の五感(見たり、聴いたり)を使って実際に感じ、学ぶという実践学習なのです。

　子どもたちは、動物園で"Animal hunt checklist"を使って自分たちが見つけた動物を追うことにしました。その表にチェックを入れたりスタンプを押したりして、自分たちが動物園で見つけた動物を記録するのです。実際、動物園で子どもたちは、蛇とライオン以外のチェックリストに載せていたほとんどの動物を見つけることができました。動物園を歩き回りながら、子どもたちは、例えば"虎の家(檻)には、水と木があるよ"、"猿のお家にはたくさん木があるけど水はないね"などと動物の暮らしぶりを観察し話し合いながら、探究心を深めていきます。子どもたちにとっては夕方に起きて昼間はずっと寝ている動物を実際に見て発見するのも新鮮な驚きです。また、見た目だけでその動物が重いのか軽いのかを推測してみました。例えば、"象はとっても大きいしすごく重そうだよ"というように。

　また、子どもたちが豚を見て"ベーコンだ!"といった時には、思わず笑ってしまいました。動物は自分たち(人間)に色々な物や食べ物を供給してくれること、だから私たちも動物を大切にするんだという学びを子どもたちは覚えていたのです。そして私たち人間がこれらの動物たちに対して責任があるということをわかり始めてきたのです。更に子どもたちは、動物の家族を観察することで、"私たちは誰なのか(Who we are)"という前のユニット学習テーマ("家族")と今回のテーマを結びつけることもできました。

自分たちの動物園を作ろう!

このユニットの総仕上げとして、動物について学んだことと"地球を共有する"というユニットのテーマを一緒にまとめてみることにしました。私たちが動物園で訪れた3つのエリアを再現するZoo Displayというアート＆クラフト活動のプロジェクトです。子どもたちは、乾燥したエリア、湿ったエリア、寒いエリアを作ることにしました。乾燥したエリアにいる動物は、子どもたちになじみのあるキリン、シマウマ、ゴリラやパンダなどです。子どもたちが暖かいエリアとも呼んでいた湿ったエリアには、魚や亀、蛇やワニ、そしてイグアナがいます。寒いエリアでは、冷たい海の中で幸せそうに泳いでいるペンギンやシロクマ、そしてアザラシを動物園で見ました。子どもたちはペンギンを作ることに決めました。

　子どもたちはこのプロジェクトを通して学びながら、陸の上にいる動物、水の中に住んでいる動物、そして暖かい地域と寒い地域にいる動物の区別ができるようになりました。それから、動物たちが何を食べているのかについても"草食動物"と"肉食動物"に分けて話し合いました。

　このZoo Projectでは、子どもたちが家から持ってきたリサイクル品を使い作品を作りました。このプロジェクトに取り組んでいたのがちょうど秋だったので、毎日のOutdoor Timeの際に公園で集めた落ち葉も使いました。

　2週間近い活動の後、Zoo Displayは完成し、子どもたちはスクールのお友達皆に作品のお披露目をしました。このプロジェクトは、動物について子どもたちが学んだことを反映しています。子どもたちは、動物に対して多いに感謝や興味を示しながら、プロジェクトに真剣に取り組みました。

◎概念:何を理解してほしいのか

PYPは教科横断型であり、教科横断型のテーマを学ぶ過程で教科ごとの「知識」を学ぶということを説明した。次に、学ばせたい5つの学習項目のうち2つ目の「概念(コンセプト)」についてだが、「概念」をカリキュラムの柱として学ぶ、というのはどういうことだろうか。

これは、文脈を伴わない科目別の暗記学習よりも、現実社会に即した科目を超えた普遍的なものの考え方(=概念、Concept)を獲得する学習がより重要だ、という考えに基づいている。この考えに基づき、IBはPYPの開発に当たり、世界中各国の教育システムのカリキュラムモデルを分析し、世界共通の普遍的な概念を選定した。概念の選定基準は以下の3点である。

- Timeless(過去から未来にわたり陳腐化しない)
- Universal(世界のどこでも普遍的に意味を持つ)
- Abstract(抽象的なもの)

そして生涯身につけておくべき、普遍的な以下の8つの概念を特定した。

- **Form(特徴):** それはどのようなものか(観察・特定・描写・分類を通じ、類似・相違・傾向を把握し、特徴を理解する)
- **Function(機能):** それはどのように機能するのか
- **Causation(原因):** それは、どうして、そうなっているのか
- **Change(変化):** それは、どのように変わってきているのか
- **Connection(関連):** それは、ほかのもの(こと)とどういうつながりがあるのか

- Perspective（視点）：　どういう考え方（ものの見方）をしているのか
- Responsibility（責任）：　わたしたちがしなければならないことは何か
- Reflection（振り返り）：どうしたらわかるのか

　1つの教科横断型のテーマを学ぶ際に、上記8つのコンセプトのうち、2-3個をカバーし、探究を進めることになる。

　やや分かりにくい点もあるかと思うので、概念（コンセプト）ベースの学びと、伝統的なトピックベースの学びを比較してみよう。トピックベースでは、様々な事実や現象（Facts）を学んだり、覚えたりする。概念ベースの学びは、事実や現象その上位に、概念化がある。例えば動物について学ぶ、ということがあった場合、様々な動物を覚えたり、特徴を知識として知るだけではなく、動物を通じて、ライフサイクル（変化）や、多面的な見方（視点）といった上記の抽象化された概念を獲得する、ということになる。結果として、覚えている、知っていることを超えて、普遍的な概念までも学ぶことを通じて、ものの考え方の基本を獲得するのである。

◎スキル：私たちは生徒に何ができるようになってほしいのか

　知識を得て、概念を理解するだけでは、学習としては不足で、これらを応用し現実社会で実践するための道具だてが必要になる。これをPYPではスキル、として定義している。例えば、「読み・書き・計算」は、言語や算数という教科だけでなく、全ての学びに共通する重要な必要なスキルである。

こちらについても PYP では細かく規定している。

- Thinking skills：思考スキル
  （知識習得、理解、応用、分析、統合、評価、弁証法的思考、メタ認知）
- Social skills：社会的スキル
  （責任を受け入れる、他者を尊重する、協力する、対立を解決する、グループでの意思決定、グループで役割を担う）
- Communication skills：コミュニケーションスキル
  （聞く、話す、読む、書く、見る、発表する、非言語コミュニケーション）
- Self-management skills：自己管理スキル
  （運動技能、手先の動き、空間認識、準備・計画、時間管理、安全性、健康、行動規範、情報に基づく選択）
- Research skills：研究のためのスキル
  （問いを出す、観察する、計画を立てる、データを集め記録する、データを整理する、データを解釈する、調査結果を発表する）

ご覧になって理解いただける通り、ペーパーテストで評価できないスキルが多い。

◎態度：私たちは生徒に何を感じ、何を重んじ、何を示してほしいのか

知識・概念・スキルだけでは、一人ひとりの内部に学んだことがとどまっているに過ぎない。PYP では学んだことを、態度として周囲に対して働きかけていくことが大事と考えている。つまり PYP は**価値観を育むカリキュラムである**、とも言える。この「態度」に含まれる IB が規定する要素は以下の通りである。

感謝、根気、自信、協調、創造性、好奇心、共感、熱意、自主性、誠実、尊重、寛容

教室内においては、たとえば、単純に「感謝しなさい」と押し付けるのではなく、探究している実際の文脈の中で、児童が自分の価値観を振り返り発展させる、メタ認知の枠組みを提供する必要がある。

この「態度」も、ペーパーテストで測れるものはあまり無いといってよい。

◎行動：私たちは児童にどのように行動してほしいのか

PYPでは、知識・概念・スキル・姿勢に加え、行動も学習の目標として位置づけられている。IBのミッションである、世界によい変化をもたらすためには、内に秘めた知識・概念・スキルがあっても意味がなく、学びの結果、自主的に行動することが不可欠と考えるからである。

従って最終的に評価されるべき行動は、教師の指示による行動ではなく、自発的になされる行動である。行動サイクルとして、「選択」→「行動」→「振り返り」があり、すべて児童が能動的に実施する。教師は、児童が自ら行動を選択し、行動し、振り返ることを支援することに徹する。この行動は、授業内以外でも、教室の整理整頓を進んでする、けんかを進んで仲裁する、など、教室の中、または家庭で手伝いを自発的に行う、といった過程でもおきる。「行動」も、ペーパーテストで測るのは困難で、評価可能な場面が必ずしも学校内で起こるとも限らず、評価しづらい面もあるが、評価基準としては非常に大きな意味を持つ。

以上、PYPのカリキュラムを形作る5つの要素を紹介してきたが、

PYPが知識偏重でないことが理解いただけたと思う。PYPの実践においては学習範囲の網羅性よりも、児童に何ができるようになってほしいか、という問いを常に繰り返す過程で、子どもや実社会との関連性、学びの意味が見出し難いものはむしろ捨てるという、「量よりも質」への決意が重要といえる。

3.4. どうしたらよい学習ができるか──授業の方法

次に、PYPではどのような授業が行われるのかを考察してみたい。前節で紹介した「知識・概念・スキル・態度・行動」の5つの要素を、どのように学習によって獲得するのか。

教育者が黒板で教授内容を伝達し子どもはそれを書きとめる、または子どもはひたすら問題を解く、という授業方法や家庭学習ではその全てを獲得できないことは理解いただけるだろう。反復練習やドリル学習もそれなりの役割があることはIBでも認識されている。例えば言語習得にはある程度の記憶が必要であり、記憶のためには反復練習やドリル学習は有効である。しかし、探究テーマに基づく指導は、一方通行の授業、ドリル型の学びとは本質的にはそぐわない。

◎探究型学習の構成要素

前述の「カリキュラム」の項で、探究テーマを通じたカリキュラムとなっていることを紹介した。ここで改めて探究という行為は何で構成されるのかを考えてみると、以下のような活動が想起される。

- 質問する
- 調べてみる
- 実験する
- これまでの学習と新しい学習を関連付ける
- 計画を立てて行動する
- データを集める
- 概念を応用して理解を深める
- 仮説を検証する
- 問題を解決する

 これらを、「探究」→「行動」→「振り返り」の学習のサイクルを通じて学んでいく。一例として上記の構成要素のうち、家庭でも対話を通じた親子の探究型学習に役立つと思われる「質問する」に焦点をあてて、どのような探究のきっかけを作るのか紹介する。

◎好奇心と探究を誘発する質問のつくり方

 子どもの探究心を引き出すために、先に紹介した8つのキーコンセプトから問いかけを作ってみよう。ここでは4歳頃から興味を持ち始める子どもたちにとって身近な「家族」を例に取ってみることとする。

Form 「どんなもの?(特徴)」
かぞくってなにかな?
だれがかぞく?ワンちゃんは?

Function「どういう仕組み?(機能)」
パパはなにしているのかな?

Causation「なんで?(理由)」

ワンちゃんは家族なの？どうしてかな？
お父さんはどうしてお出かけしに行くのかな？

Change「こうなったら次どうなる？（変化）」
あなたは大人になると体はどう変わるかな？
お母さんは年を取るとどう変わるかな？

Connection「これがこうなら他のものはどうなのか？（関連）」
お友だちの家族と同じこと、違うことはあるかな？
ワンちゃんが家族だったら、遠くのおじいさんおばあさんは家族かな？

Perspective「違う見方はあるかな？（視点）」
お父さんとお母さんの役割は同じかな？違うかな？どうしてそう思う？

Responsibility「あなたがしなければいけないことは何？（責任）」
おうちでは何かお手伝いをしているかな？

Reflection「振り返って見よう（振り返り）」
どうやって、誰が家族なのかをしることができるかな？
今日のお話し合いで何を学んだかな？

このようなオープンエンデッド・クエスチョン（Yes/No でない問い）を通じ、「どうして？（How?）」「なぜ（Why?）」が繰り返して考え、話し合って行く。探究型学習においては、教師はこのような問いかけを常に子どもたちに投げかけ、子どもたちに常に考えさせ、話させようとする。人前で発言するということは恥ずかしいことでも難しいことではなく、3歳でも12歳でも、子どもの関心領域と合致すればどんどん話す

ようになる。

◎ PYP の環境設定

PYP を実施するにあたり、生徒主導の学び、そして探究を誘発するソフト・ハード面の環境設定が重要だが、具体的にはどのようなものがあるだろうか。幾つか挙げてみよう。

- 個別の机ではなく、島型のテーブル：先生が黒板で一方通行で話し、生徒が聞くというスタイルは探究型を実現できない。島型で、児童同士が協調学習できるもの。
- 探究を助けるもの：紙ベースの参考資料・本、タブレット端末と、オンラインでアクセスできるリソースウェブサイト。
- 探究を支援する環境：「働く人のお仕事」が探究テーマであれば、人へのインタビューを通じて学ぶ。「動物」がテーマであれば、そのタイミングで動物園に遠足に行く。「自己表現」がテーマであれば、年に1度の学芸会のタイミングにあわせる。
- 教師そして生徒による「問い」が壁に貼ってある。
- 生徒同士がみずから年度初めに話し合って決めた Essential Agreements（クラスのお約束）が張ってある。
- IB の 10 の学習者像、IB ミッションが掲示されている。

◎幼児期の学びと遊びの関係

PYP は 3 歳から 12 歳までと先に述べた。PYP の小学部過程はある程度体系性のある学習を設計するが、3-5 歳は「遊びを通じた学び」が強調される。

大人の感覚では、遊びと勉強は異なるもの、相反するものというのが

一般的な考えだろう。大人が何かを学ぶ際には、殆どのケースは「仕事に役に立つから」というゴールがあって行うことが多い。また中学高校生も、受験に合格するため、といったゴールがあるから、楽しくなくても、むしろ苦しくても行うことができる。

しかし幼少期のこどもはそのような動機付けができない。そして良かれと思って与える IQ を上げるための知育ドリルや、文字を書かせる、計算をさせるといった、机の上での過度の早期教育は、ストレスや緊張感から目をパチパチさせたりするチック症状を誘発してしまうこともありえる。

幼少期は、遊びと学びは対立関係ではなく、ほぼ同義ともいえる。例えば子どもが発達段階にあったパズルに没入するのは、勉強と思ってやっているわけではない。ある日突然数に興味を持ち数え出すが、勉強と思っているわけではない。逆に、おままごとやごっこ遊びは、一見して遊んでいるようにしか見えないが、社会性を育む重要な学びのプロセスでもある。

では子どものやりたいことを、やりたいだけさせるのか、というとこれも違う。潜在能力を発揮できる機会を与えることは非常に重要で、自由な遊びという言葉に甘えて子どもが潜在的に持つ知的欲求に充分応えないのも良くない。例えば、4歳児は大人から見て時として煙たくなるほど質問が多い「なんで〜なの？」の最盛期だが、これは完全な学習欲求である。保護者や教師はそれをしっかり受け止め、問いをきっかけに発展させるお膳立てをすることで、子どもは学びを深めることとなる。

幼児期に適した遊びを通した学び（Learning through play）には、幾つかの要件がある。

・最大限の自由

いつはじめてもやめても良い、遊ぶためのコーナーや道具はいくつもあり、その時の気分で選択ができる。一斉保育とは間逆の自由保育であること（一斉保育の環境では、与えられた内容を限られた時間で行うことが求められる。これはこれで学校や社会で必要ではある）。

・環境の整備

子どもを自由にする前に、子どもが自由の楽しめ学ぶ環境を整備しておくこと。

好奇心が生まれても、それを満たす環境・道具がなければ好奇心は消失してしまう。同様に、好奇心によって発せられた子どもの行動や質問に親が応えなければ、好奇心は失望に変わってしまう。

玩具や道具の選択にあたり、子どものその時点での知的レベルと興味分野に敏感であること。知的レベルの満たし方だが、現在の能力から挑戦したいと思えるものを提供すること。

◎ラーニング・センター

遊びを通じた学びの事例として、ラーニング・センターを紹介したい。Learning Center とは子どもの好奇心に基づく遊びを通じ、学びを促すクラス環境を指す。日本の保育における近い概念に「コーナー遊び」と呼ばれるものがある。Learning Center の時間では、先生はテーマをもったゾーンを3〜5つ作り、それぞれの場所にテーマを持たせ、テーマに沿ったものを配置する。子どもたちは興味のあるゾーンで自由に遊ぶ。

・Drama Zone：

キッチン、テーブル、椅子、電話などがある環境でごっこ遊びをする。創造力やコミュニケーション力を育む。

・Block Zone：

積み木・レゴ等。ブロック遊びは空間認識能力を高めるほか、協調性も高める。

・Reading/Listening Zone：

興味のある絵本・図鑑・タブレットでのオンライン絵本を落ち着いて読んだり、お友だちと読みあう。読解力と言語能力を育む。

・Writing Zone：

紙、ホワイトボード、様々なペンが準備され、文字を書くことに親しむ。

・Art Zone：

創造力と想像力を育み、色、形、芸術を通じた自己表現を学ぶ。絵を描くための道具、粘土、はさみ、のり、そして松ぼっくりや石などの自然物も準備する。

・Science Zone：

生物・科学への興味関心を引き出す。鏡、植物、貝、光るもの、天秤から本格的な人体人形、顕微鏡、電気機械までが準備される。

・Manipulatives Zone：

数に関するゲーム、パズル、数ブロックなどを通じ、算数の基礎力、問題解決力と論理的思考力を育む。

いずれかのコーナーで、子どもたちは遊んでいるだけのように見えるが、遊ぶ内容を選択し（自主性）、集中し（集中力）、楽しんでやりきった満足感からくる自己効力感等を育む、等の重要な狙いがある。この時間において先生の役割は、積極的に語りかけ、子どもがチャレンジしている内容を支援し、楽しんでいることにともに参加することである。好奇心がある内容での友だち同士や先生とのコミュニケーションの過程で、子どもは自然な形で言語能力（日本語・英語）を修得していく。また、子どもたちの選択を見ることで、ひとりひとりの興味を教員側も理解することができる。

遊びの道具をそろえる上で、Open-ended materials（遊び方がひとつ

でないもの、玩具として目的がひとつに与えられていないもの）を選択することもポイントである。例えばダンボールをたくさん用意し、子どもにはガムテープだけを与えると、子どもたちは家やロボットなどを自由に作っていく。また牛乳パック、トイレットペーパーの芯、紙箱等、自宅で不要となったものも一旦集まれば工作の道具となる。公園に行けば木の枝、葉も工作の道具になる。

Open-ended materials は提供側が規定する遊び方が決まっていないため想像力、創造力を育むほか、ゴールに到達するためのお手本や作り方の説明も無いため、問題解決力の涵養にも効果がある。多くの場合、ほかに必要なものは、はさみ、ガムテープのりなど、普段の生活で必要なものである。

◎幼児教育の大規模研究からの知見

幼児期の教育に関する大規模調査は世界的にも数は少ないが、イギリスのEPPE（Effective Pre-school and Primary Education）の調査結果を紹介したい。幼児教育の質と、その後の小学校での学力には正の相関が見られたが、それ以上に着目すべきは、幼児教育施設における教育者の子どもに対する関わり方と学力の相関についてである。ここでの知見は以下の通りである。

- 子どもたちに対し、積極的に応答していくこと
- 上からの指導ではなく、一緒に考えていくこと（Sustained Shared thinking)
- 子ども主導の活動であること

PYPは、そもそも世界中の教育の事例や研究成果を集約して作り上げられた体系なので、ある意味当然ではあるが、このイギリスの大規模

調査は PYP で実践する授業の方法を完全に支持しているといえる。因みに日本の「保育所保育指針」「幼稚園教育要領」も、同様の方向性を指し示している。

ここで、学習意欲を促す注意喚起や前提知識との関連付けの仕掛け、そして支援姿勢の事例を紹介したい。

【コラム】
未来の Makers を育成するプロジェクト学習

藤田あきつ　Aoba-Japan Bilingual Preschool スクールマネージャー

21世紀を生きるための基礎素養として、STEAM（Science, Technology, Engineering, Art, Math）分野に幼児期から親しむことを重要と考えており、児童向け電子工作キットである littleBits* を使用したワークショップを、発売元の KORG 社に協力を得て実施しています。

*littleBits（リトルビッツ）とは：
磁石で電子回路をつないで電子工作を行うことを通して、機械やものづくりを楽しく学べるキットです。スイッチや光、モーター、音源など、様々なモジュールを組み合わせ、スイッチを押せばモーターが回ったり、光や音が出たりする電子回路を作成し、遊びながら機械への理解と創造的なものづくり体験ができます。

ワークショップ内容：" 音に反応するロボットをみんなでつくろう！"

Sterp 1　littleBits という機械が何かを知る

littleBitsではBlueキット：Power、Pinkキット：Input、Greenキット：Output、Orangeキット：Wireと、色別に分かりやすく構成され、各キットは磁石でつなぎ合わせることができます。キットをつなぎ合わせることで電子回路ができあがり、音や光が出る仕組みとなっています。磁石で簡単に回路を作成できることを学び、色や順番のルールをみんなで体験。キットを繋げては、光った！動いた！などと、4人一組のグループで次々と試していきました。

　このワークショップは、サイエンスやロボティクスをテーマとしたユニット活動の一環で行われており、既に彼らは子どもなりに最低限の機械や電子の仕組みについて理解しています。そこにlittleBitsが登場したことで、既知の内容がより、彼らの頭の中で具体化されてくように感じました。

Step 2　みんなでアイデアを出し合って理想のロボットをつくる

　先生から、「今日は、手を叩いた音に反応してチカチカ光るロボットを作るよ！」というテーマが発表され、みんなのやる気もグンとアップ。ここにはlittleBitsが担うScience/Engineering分野と、廃材を使用したロボット工作が担うArt/Craft分野を融合させる教え手の意図があります。どんなロボットにするかはグループごとにワイワイ話し合いながら決定、夏のワークショップだったので、4グループ中、2グループがカブトムシを選ぶという、夏らしい結果になりました。グループ活動では自分の意見だけで作品は作ることができません。仲間の意見を聞き、自分のアイデアを受け入れてもらうことが第一歩となります。

　私たち教員は彼らの活動を見守り、必要なときだけ彼らが自力で進むための道しるべ（ヒント）を提示します。安易な指示や呼

びかけは極力避けます。例えば、「これはなぜ必要なのか」の問いには、ただ答えを与えることはせず、「なぜ必要か一緒に考えようか」と投げかけ、一緒に考えながら、子どもたちが自分の答えを出すよう、導いていきます。そこには1つの正しい答え、間違った答えというものは存在しません。

Step 3　littleBits を出来上がったロボットに組み込む！

思い思いに工作に熱中する時間はあっという間に過ぎ、出来上がったロボットに littleBits を組み込んで作品が完成。それぞれ、触角の先端が光ったり、目が光ったり、羽が動いたり。先生のアイデアも取り入れながらグループごとにとてもカラフルで個性的な作品が出来上がりました。

みんなで手を叩いてスイッチを入れ、チカチカ点滅するライトを楽しんでいると、突然教室の電気がオフに…もちろん停電ではなく、先生の遊び心です。暗くなった教室で光るロボットにみんなのテンションも一気にアップ、夢中で手を叩いては、作品が光る様子に歓声をあげていました。

Step 4　作品紹介

子どもたちは自らたどり着いた考えを今度は伝達する、さらには理解を求める、という活動をします。伝達することで子どもたちは振り返り、考え、発見したことをより確かに自らのものにしていきます。これらを繰り返すごとに新しい発見や自分と違う答えや考えがあることを知る。そして、新しい発想や想像力だけではなく、他者の意見を受け入れることにつなげていきます。最後は自分たちで作ったロボットを紹介、お片づけで作品を壊すこと

を皆が残念がるほどの楽しいワークショップとなりました。

保育者の取り組み

機械・ロボット・テクノロジーの仕組みを知ることは、21世紀を生きる子どもたちの必須科目のひとつ。それらの仕組みを、試行錯誤せずに教えたり、本や映像で効率よく理解させることもできますが、他の探究型クラスと同様、回り道でも子どもたちの考える力、創造性、表現力を伸ばすことを基本に、このワークショップを実施しました。

様々なことを実際に頭と手足を動かして体験することにより、頭にある知識を将来本当に役立つツールに高める。このことを基本に保育者も狭い視野にとらわれず、これからも新しい試みにチャレンジしていこうと思います。未来のMakersを育成するために。

3.5. 評価計画

以上、PYPでは何を（3.3.）、どのように学ぶのか（3.4.）を見てきた。最後に、PYPではそれらをどのように評価をするのかを見ることとする。評価基準と方法が無ければ、学んだことを確かめようが無いので、評価はカリキュラム、授業方法と同じ位、重要な検討項目である。IB校は、教師や保護者も含めて協働で作りあげた、各校独自の評価方針（Assessment Policy）の策定が義務付けられている。

評価手法というと、ペーパーテストが思い浮かぶと思う。しかしPYP

は、ペーパーで図れない内容が多そうだ、と感じた方も多いだろう。ではどのように学びを評価するのだろうか。

PYPにおいて、評価の要素は、「**評価**」「**記録**」「**報告**」の３つに分けられる。

◎評価 - 学んだかどうかを確認するには

一般的に、評価には２種類のものがある。

- **形成的評価**：探究の過程で定期的に高い頻度で実施される。教師は、児童がその時点で何ができているか、できていないかを確認し、次の学習フェーズを計画するために役立てる。また次回の改善に役立てる。
- **総括的評価**：学習目標と指導計画の達成度合いを確認するため、学習過程の最終段階で実施する。

◎記録

PYPでは、学習させたい内容が、知識のみならず、概念・スキル・態度・行動と広範囲にわたる。例えば、英単語を記憶したか（知識）、文字が書けるようになったか（スキル）など、知識、及び概念・スキルの一部はペーパーや実技テストで確認できる。しかし「態度」や「行動」はどのように測定するのだろうか。この、認知・運動領域を超えた情意領域=「心」の領域は、目標を達成したかを確かめるのは容易ではないのである。

そこでPYPでは評価方法としては以下の５つを示している。

【評価方法】

- **観察**：教室全体の観察、一人に焦点を当てた観察、教師が参加しての観察、参加しない形での観察、がある。
- **パフォーマンス評価**：与えた課題に対する、予め定めた評価基準に基づく評価。答えが一つでない課題に対する評価の実施に適しており、映像などで記録し評価する。
- **プロセス重視の評価**：チェックリスト、一覧表などにより、観察した内容を記録していく方式。
- **一問一答形式**：少テストなど。
- **オープンエンド型課題**：明確な課題でない、オープンな課題について、記述やイラストなどにより返答をするもの。

そして、上記評価方法を実施する際の評価基準ツールとして、以下をあげている。これらの評価基準ツールは、絶対評価を行うためにカリキュラム実施前に完成させておく（補足すると、今の大人が小学生のころの成績のつけ方は、例えば5段階評価で上位7%が「5」、次の20%が「4」といった「相対評価」であったが、今は日本でも基準をクリアした者はすべて合格とする、「絶対評価」が基本になっている）。

【評価基準ツール】
- **ルーブリック**：日本でも広がってきている、児童評価のための指針表。
- **評価測定表**：学習の発展フェーズを示した表。児童がどのフェーズにいるかを示すもの。
- **模範例**：児童の作成したもののうち、見本となるもの。
- **チェックリスト**：スキルの到達度を把握する実技テスト実施の際に欠かすことができないもの。合否を決定する実技ポイントを箇条書きにしたもの。
- **ドキュメンテーション**：児童の観察を記録したもの。主観をいれずに記述することが求められる。

◎ルーブリック：

　教育関係者以外にはなじみが薄いが、近年日本でも知られてきた手法が「ルーブリック」で、これは、学習目標の達成度を数段階のレベルに分けて記述した表である。「知識」を得たか、「概念」を理解したかは客観テストである程度判断できる。しかし、パフォーマンスを見るスキル系（思考力など）や態度・行動は、それでは評価が困難である。そこで、予め、「要努力」「期待に達した」「期待以上」といった段階別に思考・態度・行動等の評価軸を予め記述し、評価の客観性を持たせる。なおこのルーブリックは事前に生徒に公開するだけでなく、主体性を持たせるために作成過程に生徒を関わらせるのも手法の一つである。ルーブリックを予め作成しておくと、教師は個々の子どもたちの普段の様子からより多くの情報を得ることができ、学びの支援も行いやすくなる。

　さて、なぜここまで多岐にわたる評価方法と評価基準ツールをPYPでは提示しているのだろうか。それは、5つの要素を把握する上では、客観テストだけでは測定できないからである。

　例えば自然環境を学び、物を大切にすることが自然環境の維持に役立つと学んだとする。この過程で学んだ「知識」部分は**一問一答テスト**で測定できる。一方で**知識**を持つだけでは、頭で理解しただけであり、態度や行動の変化はわからない。そこで、自然についての気持ちを課題とした作文やプレゼンテーションをさせることでで、態度の変化を確認する（**パフォーマンス評価**）ことも、ある程度は**態度**を把握する一つの手段となる。しかし教室内や家庭において、その後も水を出しっぱなしだったり、使える紙をすぐ捨てたりしているのであれば、**行動**が変わっていないことになる。

そこで「態度」さらに「行動」までも測定するための手段として、本人の普段の行動について、本人に予め話すことなく評価して行く**観察**が選択肢となってくる。たとえば、水を節約することが大事だとプレゼンテーションした子どもが、本当に普段のトイレの手洗いで行動を変えているのかをチェックリスト等を使用し、日々観察するのである。なおこの方法は、評価していることを子ども本人に気づかれない、ということが重要なポイントである。

また、教育デザインで著名な研究家であるR.M. ガニエは、行動の意図を問うことを推奨している。「どう思うか」とたずねるのではなく、「あなたならどうしますか」と聞くのである。目の前で動物をいじめている友達がいる、どうすればよいか、実際に行動を起こすのか、本音が出る可能性がある。

◎ポートフォリオ

以上、PYPの評価の記録についてみてきたが、最後に「ポートフォリオ」について紹介したい。ポートフォリオとは、評価の一環として、生徒が作成した作品や文章といった成果物や録画した発表映像など、目に見える成果物をファイル（物理的なバインダーに入れる、オンライン保存、いずれの方法もある）する方法をさす。単なる保存ではなく、教師にとっての評価、生徒本人にとっての振り返りのための保存記録行為なので、学習過程の全てを保存するわけではなく、意味があるものを子どもの目の前でファイルする。ファイルしたときに生徒にフィードバックを行い、達成感を持たせることで自己効力感を高め、次への達成課題も示し本人にも振り返りをさせる。

特に幼児期においては、そもそもペーパーテストがなじまないので、児童の発言、児童同士の対話の記録や行動の記録がより有効である。以

下のコラムを参照されたい。

> ## 【コラム】
> ### 光と影からアプローチした探究型学習から多くを学ぶ
> 杉下裕樹　Aoba-Japan Bilingual Preschool マネージャー
>
> 　21世紀を生きる子どもたちが、生きることの安心と喜びを感じ、思い思いのステージを表現でき、実現させる力を獲得し、自発的に行動ができるうえで、探究型学習とドキュメンテーション記録は有効です。ここでは「光と影を通した探究型学習」の事例で、それをお伝えしたいと思います。
>
> 　この探究活動は、無限の変化が偶発的に起こり、感覚に直接はたらきかける光と影の動きを通じ、子どもたちの好奇心を誘発させ、「気づき、ひらめき、創造」を育むことを目的としています。
>
> 　先生たちは事前準備として、光を発するツール（OHP・プロジェクター・ライトテーブル・懐中電灯等）と、光の動きを最大限引き出す探究ツール素材（透過する物・反射するもの・屈折させるもの・自然材・廃材等）を準備します。活動の最初に、注意喚起と好奇心を誘発するねらいを持って、暗い空間の中に光と影の非現実的な世界を演出します。
>
> 　好奇心を刺激した後は、子どもたちが活動の主役です。まず導入として子ども達は「そもそも光と影とは？」と投げかけます。子どもたち中心で対話するなかで、教師は答えを出さずに、この対話を通して高まった疑問や好奇心を持ちながら、機材・道具の使い方を伝えるのみで探究をスタートします。

● 答えのない世界

　あとは、子ども達が少しずつ素材に触れ、光と影の現象を認識し始め、この空間内にあるもの全てを使い、思い思いの探究活動を始めます。この活動の特徴は、特定の成果物を作成することあえて求めておらず、思い思いに動いてもらうことにあります。最初は「何をしたらいいの？」と聞いてくる子どももいますが、時間がたつにつれ「気づき」「ひらめき」「対話し」「協働」を自発的に始めます。さらに時間がたつと、光を生み出す装置や道具や様々な素材も、最初の教師が意図した環境設定を超えて使われていき、さまざまなストーリーが繰り広げられます。

　教師は、子どもたちのひらめきなどから生まれる「つぶやき」を聞き逃さず「観察・記録（メモ・カメラ・ボイスレコーダー）」し、この時間から生まれた思考を、あとで可視化させる準備を行います。光と影の活動の最終成果物にきまりは設けていないので、子どもたちはこの活動から文字やアートやクラフトやダンス等、様々な表現物を纏めていきます。最後に、成果物をプレゼンテーションや共有活動を通じて発表します。

　学びの活動はここで終わりではありません。最後に教師は、記録した活動内容を「ドキュメンテーション」としてまとめ、掲示し、こどもたちがドキュメンテーションを通じて自らの活動を振り返る機会を持ちます。またドキュメンテーションは、教師にとっても、評価記録であると同時に、自ら設計した学びのプロセスを振り返り、次の学習過程の改善につなげる意味があります。

　この探究活動を通して、子ども達は、創造性・主体性・協調性・探究心・解決力・表現力などの多様な力を育みます。探究型学習のひとつの本質は、大人が予め設定した結果を求めることではなく、子ども達が自ら行きたいステージに行ける力を持つことでは

ないかと思い、私自身も日々実践・探究をしています。

◎報告　評価をどのようにフィードバックするか

フィードバックの無い評価は判定にすぎず評価とはみなされないので、評価した内容は必ずフィードバックを行う。報告にも様々な形式がある。また、IB 学習者像に上げられる 10 の特性について、生徒がみずから考える機会を提供する必要がある（採点化はしない）。

・面談

評価を報告する手段として、面談は重要な意味を持っている。その形式は、教師と保護者の面談にとどまらず、教師と生徒、3 者面談、さらには生徒主導（Student-led）の面談がある。3 者面談は、生徒が学んだことを保護者と教師で共有し、3 者で生徒の強みと改善点を確認していくものである。教師は面談中メモを取り、報告として纏める。さらに発展した、児童主導の面談は、児童が面談を主導する「責任」を持つ。教師と保護者の前で、自らの作品についてプレゼンテーションを行うことになるので、事前に発表を練習するが、アウトプットの良い機会となる。

・報告書

報告書は、生徒一人ひとりについてまとめていくが、「強み」「改善点」「生徒の意見」などが明記される。

・発表会

PYP の最終年次では、発表会（Exhibition）が行われ、生徒は教科を超えた探究テーマについて、発表を行う。生徒は主体的な自ら選択したテーマに取り組み、調査と提言をおこなうことになる。

● 答えのない世界

4．まとめ——家庭学習での適用

　本章のここまでの考察を要約すると以下のようなことである。

- 未曾有の高齢化社会に突入し、今ある職業の多くが消失しうるといわれる答えの見えない 21 世紀、生涯自らをアップデートし続ける「学び続け自らに活力を与える力」（LTE=Lifetime Empowerment）の獲得が重要である。
- 学び続ける力＝学習意欲を動かし続けるには 4 つのエンジンがある。すなわち、1. 学ぶ対象に関して注意喚起され、2. 自分と関心領域と関連があると感じられ、3. 学習後に自信を得られ、4. 満足感を感じられること。とりわけ小さい子供期は、好奇心と自己効力感が学びの意欲の着火剤となる。子どもは遊びを通じてこそ最もよく学ぶ。
- 生涯にわたって学び続ける若者の育成をミッションのひとつとする国際バカロレアの特徴は、教科横断型の探究型学習であり、現実社会で直面する多くの課題に対応できる人材育成の仕掛けが施されている。

　実際のところ、前節で紹介した国際バカロレア校は日本ではまだそれほど多くは無い。この章の目的は、数の少ない国際バカロレア校を薦めることではないので、最後にまとめとして、本章の考察で得た知見の各家庭での活用について考えてみたい。

◎環境設定

- 子どもが遊びを選択できるよう、子どもスペースをラーニング・センター形式のレイアウト配置にしてみる。
- こどもの探究心を促すために、発達段階よりも高すぎる遊び・玩具・学習対象を提示しない。
- オープンエンドなおもちゃ、自己教授的なおもちゃを準備する。
- 小さな子どもであればあるほど、紙やドリルを通じて学ぶようにはできていないことを意識する。
- 知識中心の学習内容から、態度変容や行動に繋がる学習内容へ。「探究」(inquiry) →「行動」(action) →「振り返り」(reflection) のサイクルを意識する。
- 「教えない」アプローチの準備段階として、子どもが自ら能動的に学ぶためのリソース(図書、図鑑、各種道具、タブレットなど)は豊富に揃える。

◎対話と支援

- 親の役割は、一方的指導者ではなく、環境を整え、適切なレベルのチャレンジを与え、対話応答によって自ら考え答えを見つけ出すことを手助けする存在、と考える。
- 好奇心を刺激する注意喚起、前提知識を刺激した関連づけの仕掛けで子どもの自発的な学びを促す。
- 子どもに応答する。子どもの反応に応えてくれることが、子どもの好奇心を刺激する。
- 応答するときには答えではなく、更なる問いで返す、ヒントを与える、といったことを通じ、次のアクション(考える、調べる)につなげる。

● 答えのない世界

- 自らの手で解き進めたことによる自信と満足感を感じさせ、自己効力感を伸ばす。
- こどもにフィードバックするときには、態度変容や行動を評価する。
- ことば、かず、科学、社会の諸概念は、好奇心のあるトピックを通じて自然な形で習得する。
- 簡単に手を差し伸べない。見守る。能動的な態度と達成感を育む。
- なるべくリアルなものに触れさせる。リアルなものが見ることをできる場所へ連れて行く。
- 大人から見れば遊んでいるようにしか見えなくても、彼らは遊びを通じて数多く学んでいることを意識する。
- 友だちに悪いことをしたときに「あやまりなさい」ではなく、「○○されたお友達は、どう感じたと思う？」「悲しかったお友達になんていえばいいのかな」更に謝りたくない場合「謝らないと、どうなるのかな？」と考えさせる。
- 無気力なとき、悲しそうなとき、悪いことをしても謝りたくないと主張するときなど、言葉でなぜそう思うか、表現させる。

◎国際的視野

- 音楽・ダンス・絵画・旅行等、リアルな体験に触れてみることで、世界を知る。
- 早い段階で外国語に触れる。

【参考文献】
International Baccalaureate『PYPのつくり方：初等教育のための国際教育カリキュラムの枠組み』
International Baccalaureate『国際バカロレア（IB）の教育とは？』
J. M. ケラー（2010）『学習意欲をデザインする』北大路書房.
鈴木克明(2002)『教材設計マニュアル―独学を支援するために』北大路書房.
Charles M. Reigeluth and Brian J. Beatty (2016) "Instructional-Design Theories and Models, Volume IV: The Learner-Centered Paradigm of Education"

第3章：世界に通用する
　　　　グローバルリーダー
　　　　の育成を目指して

——インターナショナルスクールで認定校が相次ぐ

1. "国際バカロレア" 本格導入で日本の教育はどう変わる？

国内大学における IB 入試が急増する背景とは——。アオバジャパン・インターナショナルスクールの柴田巌氏に IB とインターが目指す役割を聞きました。

文＝細江克弥　Katsuya Hosoe

柴田 巌さん　Iwao Shibata
　アオバジャパン・インターナショナルスクール代表取締役
　1965 年生まれ。外資系コンサルティング会社を経て、アオバジャパン・インターナショナルスクールの親会社であり、大前研一氏が代表を務めるビジネス・ブレークスルーに入社。アオバインターナショナルエデュケイショナルシステムズ代表取締役社長、株式会社ビジネス・ブレークスルー取締役。

「グローバル人材」の育成を掲げる政府は、2013 年 6 月、「国際バカロレア（IB）の認定校を 2018 年までに 200 校にする」という閣議決定を発表。同年 10 月の教育再生実行会議・第 4 次提言では、日本の大学入学者選抜においても IB 資格を積極的に活用することを推奨した。これが起爆剤となり、近年、国内教育機関における IB への関心度は飛躍的に高まりつつある。

IB は世界 149 カ国、4600 以上の学校で採用されるグローバルスタンダードの教育プログラムだ。IB 資格や、そのスコアを入試に用いる大学は世界的にも増えており、日本でも有力大学が相次いで導入している（115 ページ表参照）。

◎ IB教育は時代を生き抜く力を養う

アオバジャパン・インターナショナルスクール代表取締役の柴田巌氏は、IB教育の導入に早くから注力してきた一人。同校は15年6月にIBの16〜19歳を対象とする高等課程(DP)、7月に3〜12歳を対象とする初等課程(PYP)の認証を取得し、11〜16歳の中等課程(MYP)についても正式認証を待つばかりだ。

では、IBの魅力はどこにあるのか。柴田氏が言う。

「ビジネスの世界ではインターネットによって"国境"があいまいになり、グローバル化が当たり前になっています。教育機関はそうした世界で活躍できる人材を育てなければなりません。求められているのは、英語を含めたコミュニケーション能力と、人種や文化の多様性に共感し、スムーズに受け入れる国際感覚、挑戦する力、論理的思考力、リーダーシップとフォロワーシップなどです」

日本はこれまで、学習指導要領に基づき、「知識を身につけること」を重視した教育を推進してきた。しかしグローバル社会で問われるのは、「多様な環境下で論理的に思考し、意思決定し、行動に移す能力」(柴田氏)。そうした背景もあり、政府は大学入試におけるセンター試験の廃止といった教育改革を推進し、その一環としてIBなど新たな教育の積極導入に力を注ぐ。

「教育改革においてクローズアップされているのは英語教育ですが、本質的な目的はグローバル社会で"生き抜く"力を養うことです。IBは、それを実現する手段として強い関心を集めています」

IBが、大学受験に直接的に関わる16〜19歳を対象とするDPだけでなく、PYP、MYPといった初等、中等教育でもグローバルスタンダードとなりつつある理由は、その点にある。

「IBは『10の学習者像』を掲げ、それを実現するために幼稚園から高校まで一貫したカリキュラムを提供しています。私たち日本人は、蓄

えた知識をアウトプットする力、アクションに結びつける力が足りないといわれています。IB は、そうした能力を養う上でも非常に効果的なカリキュラムであると考えられています」

IB は英語・フランス語・スペイン語を"公用語"とするが、現在、文部科学省と国際バカロレア機構は DP の一部科目を日本語で実施可能とするプログラムの開発を進めている。柴田氏は「IB はグローバル社会を前提とした全人教育である」と主張する。

「教育改革の必要が叫ばれる昨今、例えば『アクティブ・ラーニング』や『探究型の学習』と表現される教育方法が議論されてきました。それらは IB の考え方と非常に近い側面を持っており、社会全体の変化を考慮すれば必然の動きであると思います。学校や教員が、子どもたちの積極的な学びを支援し、子どもたちが日常生活や学習に対する好奇心を持ち、学校生活そのものを楽しめていれば、おのずと論理的思考力や行動力を持つ子は育つ。そういう意味で、IB は子どもたちに学習することを楽しませるための教育と考えられるかもしれません」

◎進む IB 教育導入でインターの役割とは

教育全体の改革には、まずは社会への"入り口"である大学が変わることが求められる。政府は 14 年、37 大学を「スーパーグローバル大学」に選定し、「高等教育における国際競争力の向上」を明言。これに伴い、多くの大学が IB 入試や教育プログラムの導入に向け、本格的に動き始めた。高校、中学校、小学校の教育についても、今後さらに議論が深まるだろう。そうした状況下で、インターナショナルスクールはどのような役割を担うのか。

「学校教育法に基づかないインターナショナルスクールには、教育内容を自ら判断し、実行する自由度があります。つまり、トライ＆エラーを繰り返しながら、教育を探究できる。インターナショナルスクールは人種や文化等の多様性が存在する場所です。だからこそ、社会の変化と

照らし合わせながら、ここで起きていることを社会と共有し、教育全体の向上に貢献するという役割も担っていると感じています」

言葉や文化が異なる人々が共生する社会を生き抜くのに必要な"人間力"。IB教育の導入は、その本質を考える第一歩として、期待を集める。

国際バカロレアとは？

DPは言語と文学（母国語）、言語習得（外国語）、数学など6教科と、コアと呼ばれる三つの必修要件（課題論文、知の理論、創造性・活動・奉仕）がある。配点は6科目各7点、コアは最大3点で、IB資格取得には45点満点中原則24点以上が必要。「より良い、より平和な世界を築くことに貢献する、探究心、知識、思いやりに富んだ若者の育成」を目的とし、10の学習者像（探求する人、知識のある人、考える人、コミュニケーションができる人、信念をもつ人、心を開く人、思いやりのある人、挑戦する人、バランスのとれた人、振り返りができる人）を掲げる。

◎国内大学におけるIB入試導入状況

全学部導入	一部学部導入		導入予定／検討中
筑波大学	東北大学	工学院大学	北海道大学
お茶の水女子大学（一部学科除く）	東京大学	国際基督教大学	千葉大学
京都大学	東京外国語大学	順天堂大学	東京医科歯科大学
岡山大学	東京芸術大学	法政大学	長岡技術科学大学
広島大学	金沢大学	立教大学	豊橋技術科学大学
鹿児島大学	名古屋大学	早稲田大学	京都工芸繊維大学
上智大学	大阪大学	中京大学	九州大学
玉川大学	長崎大学	愛知医科大学	熊本大学
東洋大学	国際教養大学	関西学院大学	芝浦工業大学
日本獣医生命科学大学	横浜市立大学	立命館大学	創価大学
	大阪市立大学	立命館アジア太平洋大学	明治大学
	慶應義塾大学		

※文部科学省ホームページ「国際バカロレアを活用した大学入試例」から。
2016年8月現在。　　　　　　　　　　　（AERA English 特別号 2016/9/15号）

● 答えのない世界

【レポート】：
アオバジャパン・インターナショナルスクール（AJIS）で行われている英語教育と国際バカロレア

板倉平一

（アオバジャパン・インターナショナルスクール）

　（株）ビジネスブレークスルー（以下BBT）は2013年秋にアオバ・ジャパンインターナショナルスクール（以下アオバインター）を保有する（株）アオバ・インターナショナルエデュケイショナルシステムズを子会社化しました。

　それまでのBBTの事業の柱は、日本人を対象とした社会人教育で、その提供方法もe-ラーニングなどの遠隔教育にほぼ特化され、それが企業としての強い個性の一つになっていました。

一方アオバインターは、30カ国前後の国から集まる1.5歳から18歳までの児童・生徒を対象に、100％対面式で授業を提供する「学校」で、BBTとは真逆といってもよい位置づけにあり、おそらく少なくない数の人が、なぜBBTがアオバインターを子会社化しこの業界に進出するのか疑問に思ったのではないでしょうか。

　しかしBBTが掲げるミッションやビジョンと、アオバインター開学の目的、そして脈々と受け継がれている教育への取り組みを比較して考えてみると、むしろこのマッチングは必然だったのではないかとすら思えてきます。

　BBTのミッションは「世界に通用するグローバルリーダーの育成」です。
　グローバル化が進む現代社会の中では、たとえ日本国内で生活をしていても、国や国境を超えたビジネスが、主にインターネットを介して入り込み、それは今後ますます加速していきます。そのような社会では日本国内でのみ通用する人材の価値は下がり、一方で世界に通用するリーダーは、ますますその活躍の場を広げていきます。そう考えていたBBTは世界を舞台に活躍するリーダーを育成したいという強い思いがありました。
　BBTはそうした思いをもち1996年の会社設立以降自ら時代をリードしていくため、常にイノベーションをキーワードに新たな試みを続けてきた会社です。

　一方でアオバインターは、今から40年ほど前の1976年、日本人に世界基準の教育を提供し、世界を舞台に活躍する人材を育てたいという考えから設立された学校です。そしてその後も既存の枠組みにとらわれず、チャレンジを繰り返しながら新しい教育の手法や考え方を取り入れ、2016年には日本で5校目となる幼稚園から高校までの国際バカロレア一貫校となりまた新しいチャレンジを開始したところです。

このように BBT とアオバインターは根本にある考え方や目指す姿の点で多くの共通点があり、それゆえ子会社化によりさらに互いがその強みを発揮し相互に協力していくことで、ミッション・ビジョンをよりスピーディにそして確実に実現できるようになりました。

ではこのミッション達成のため、具体的にアオバインターでどんなことが行われているのでしょうか？

その点について、ここでは本書に関連する英語教育と国際バカロレアの２点に絞り簡単に紹介したいと思います。

◎英語教育：EAL の重要性の理解と IEPP（生徒個人単位での進捗管理）

アオバインターにとっての英語教育の重要性は開学当初から最優先事項の一つであったといっても過言ではありません。そもそもアオバインター開学の目的は、「日本人に国際的な教育を受ける機会を提供すること」ですから、英語を母国語としない日本人生徒・児童が国際的な教育を学ぶために、一刻も早く確実に英語力を身につけさせることは、必要にして避けることのできないものでした。

以来 40 年以上にわたって挑戦と改善を続けてきた英語教育ですが、現在は以下のような取り組みをしています。

- **EAL（English as additional Language）は英語を学ぶ生徒だけのものではない**

2017 年 1 月現在、アオバでは約 70 名の教員、スタッフと約 450 名の生徒がともに学んでいますが、彼ら彼女らの出身国／地域はおよそ 30 カ国にのぼり、このような環境ではそれぞれが英語に関して異なるバックグラウンドを持っていることになります。2 年前から新たに入学

グローバルリーダーになるための未来への選択●

する生徒については入学試験の一部として、WIDA（https://www.wida.us/index.aspx）のアセスメントを受験してもらい、その英語力を測ったうえで入学許可を出すようにしているので、クラス内

には英語圏出身の生徒や帰国子女などの高い英語力を持つ者と、入学時には英語力がそこまで至らない者が、授業の進行に支障のない適正なバランスを保ち授業を受けるようになっています。しかし、それでも英語力の異なる生徒が一日の大半を同じクラス内で授業を受けることになるのでそのマネジメントはたやすいものではなく、特に指導にあたる教員は、英語を第二言語として学ぶことの意味や困難さ、また特徴などを十分に理解していないと、クラスを適切に運営することが非常に難しいものとなります。なぜかというと、新しい言語を学ぶとき、学習者は母語や文化などのバックグラウンドまた語学に対する姿勢やアプローチ方法に大きく影響を受けるからです。そこでアオバは2年前に教員に対するEAL教育を始めました。まずは教員を教える教員つまりEAL教員育成のトレーナーを採用し、「英語を母語としない生徒がクラス内にいる状況で、いかに授業を効果的かつ効率的に進めるか。」を学ぶ研修を隔週2時間、年間を通じて実施するようにしました。、すでに全教員の80％以上がこの研修を修了していますが、この研修を受けることで、教員は、英語を学んでいる生徒が授業中になにを考え、どのようなサポートを必要としているかを理解し、それを授業に反映させることができるようになりました。それとともに、すでに高いレベルで英語を話すことのできる生徒に対しても、よりアカデミックな、かつ興味をそそるよう

な授業を同じ授業の中で提供できるようになっています。

これは日本のように英語を母国語としない国にあるインターナショナルスクールとしては、大変に価値のある取り組みと考えていますが、そのような学校が少ないのも事実です。

・IEPP（Individual English Proficiency Plan）をベースにした個別指導体制の確立

EAL生つまりWIDAのアセスメントにおいて、授業を英語のみで受講し理解するにはまだ十分なレベルではない…と判定された生徒については、別途専門のEALチームがサポートと指導にあたっています。そのキーとなるのがIEPP(Individual English Proficiency Plan)です。

このIEPPは、英語の4技能について、生徒各々の現在レベルとゴール、さらにそこにいたるまでのプロセスをプラン化したもので、一人ひとりに対して個別に作成されます。そしてこのPlanはEALチームの教員6名だけでなく、必要に応じて担任や専門科目の教師にも共有されます。教員はこのPlanを確認することで、生徒一人ひとりの語学レベルと、課題とされる部分を明確に把握することができ、結果より細かな、かつ進度に則した指導が可能になっています。

このIEPPをベースにした授業の進め方ですが、まずEALチームでは、毎日チーム内で生徒に関する状況報告とフィードバックを行っています。さらに各クラス担任および専門教科の教員と、生徒の状況や授業のすすめ方についてすり合わせるミーティングを持っています。

その上で、EAL生は通常の授業と並行しながら、'Push-In'と'Pull-Out'の二つの形態の授業を受けることになっています。まず"Push-In'ですが、これは通常のクラスに参加しながら、同じ教室内でEAL専任教員によるサポートを受けるというものです。日本的な授業を想像すると、教室内に別の先生が存在して指導を行うというのは、授業の邪魔になるのではとお思いになるかもしれませんが、アオバインターではグループワークやディスカッション中心の授業を行っているのでそれほどその存

在に違和感はありません。またこのEAL生は1クラスあたり3-7名という人数なので、専任の教員はIEPPをもとにクラス内でも個別のサポートが可能になっています。一方で 'Pull-Out' の授業として、午前と午後の計二回、通常の授業からEAL生だけをクラス外に文字通り 'Out' し、集中的に英語を学ぶ時間を作っています。

　'Push-In' の場合は授業の内容を理解しクラスにキャッチアップしていくこと、つまり英語を学ぶのではなく、英語で学ぶことに早く慣れることが目的となりますが、'Pull-Out' の授業はシンプルに英語を語学として学び、上達につなげることを目的としています。

　この形態の導入は想定外の効果も生み出しました。そのひとつが生徒のモチベーションを上げることについての効果です。生徒は高い英語レベルの友人とともに授業を受けることにより、刺激と同時に明確な目標を持つことができ、より意欲的に英語力の習得に取り組むようになりました。また日本語を話す時間も減ったために、それに反比例して英語に親しみチャレンジする時間が増えることになり、これも生徒のモチベーションアップにつながりました。

　このEALに関する教員への研修と育成、さらに新しい授業方法の導入という取り組みは、アセスメント点数の大幅アップなど、すでに目に見える形での成果ももたらしています。アオバインターの英語教育に関する取り組みがこれで完成というわけではありませんが、これまで続けてきた、過去にとらわれず新しいチャレンジを繰り返すという良い伝統が一つ実を結んだ良い例と私たちは考えています。

◎国際バカロレア（IB）：PYP（初等課程）におけるIB教育の事例

　国際バカロレアプログラムには、日本の学習指導要領のように学習す

る内容を科目別また学年別に細かく指定するものは無く、また教科書なども存在しません。一方でプログラムを通じて達成されるべき目標や概念は明確に定義されているので、IB校は独自でその目標達成のためのカリキュラムを作成しなければなりません。

アオバインターは2015年に国際バカロレア Primary Year Program（PYP）の正式認定校となりましたが、アオバも当然のことながらすべての授業の設計をコーディネーターと呼ばれるカリキュラムの管理者と教師が一緒に考え作っています。さらに言えばこれに沿った教科書がどこかに売っているわけではありませんので、その教材も自分たちで探し、場合によっては作ることになります。

例として、実際にグレード4および5（日本での小学校4年生5年生相当）で行われている授業の一部を紹介したいと思います。

先に述べたように、IBではカリキュラム作成のためのフレームワークが示されており、その中では「目標とする学習者像」、「カリキュラムと網羅されることを求める要素、概念、スキル」等々が定義されています。また学びはすでに持つ知識を、新しく深い学びによって塗り替えられていくもの、つまり探究型学習であるべきと示されています。さらにひとつひとつの学びは各々ひとつの要素やスキルに結びつくのではなく、横断的に影響を与えるべきと考えられています。わかりやすく例を示せば、いわゆる「教科」はその枠組みを超えて概念的に考えていく力を養うために学ばれるべきとなっているので、日本的な「算数」「社会」といった教科ごとの時間割のみで学ばれるわけではありません。ではどういった単位で学習が計画されるかというと、数週間単位での「探究の単元」= Unit of Inquiry（UOI）とそれらをまとめた「探究プログラム」= programme of inquiry（POI）がその基本的な基準となります。

アオバインターのグレード4/5では、ある時期に探究の単元（UOI）

としてNGOを取り上げました。IBは全部で6つの教科融合テーマ(Who we are, Where we are in Place and time, How we express ourselves, How the world works, How we organize ourselves, Sharing the planet) を示していますが、そのうちの How we organize ourselves 社会寄与)をテーマとして選択し、それを学ぶための UOI として NGO を選んだわけです。この UOI に対しては、必ず central idea（セントラルアイデア）と呼ばれる、UOI と融合テーマに関連する、かつそれを結び付ける考えを決めなければならないのですが、このケースでは、「NGO の構造は、その目標達成に影響を与えている。」というものでした。さらにこの UOI を学んでいくための学習（探究）の流れとして、NGO の「ゴールと活動のつながり」「NGO 組織が常に理念を追求するためには構成するメンバーがその責任を負うこと」「NGO 組織の信頼性について」などを決め、一つ一つリサーチとディスカッションを繰り返しながら学んでいくことにしました。

次にこの探究の流れに沿って学習を進めた場合、各々の場面で学びを深めるために必要な知識やスキルが出てきます。例えばそれは言語であったり、公式や計算式などの算数であったり、またデザインといった芸術分野になるわけですが、その場合、生徒はそれらを UOI とは別に

● 答えのない世界

単独科目として学ぶことになります。このNGOのケースでは、最終ゴールは自分たちでNGOを考え、その団体のHPを制作するというものに設定されていました。生徒たちはその過程で、その団体のロゴを作ろう発想したのですが、実はそれ以前に生徒は芸術の時間を使ってロゴマークに関連した商業デザインやシンボル、抽象化について学んであったため、そういった発想を持ち、すぐに取り掛かることができた、といった具合です。

また、NGOについて調べる際もどのようにWebでリサーチをかけるのか、数字をどう読むのか、実際に訪問したり電話するときにどのように依頼すればいいのか…など教科に関わる、また教科には関わらないが知っておくべき知識やスキルが数多くありますが、それらもUOIの中で総合的に学ぶことができるようになっています。

このように授業の中で教科を横断して学んだり、また教科外ではあるが探究を進める上で必須とされるスキルについては、IBの中ではtransdisciplinary(教科融合スキル)という考え方の中で、「思考」「人間関係」「コミュニケーション」「自己管理」「リサーチ」という5つに分類され、これも学ぶべき大切な要素と位置づけ、カリキュラム設計上組み込むようにとされています。

これらに加えてアオバインターでは、多国籍かつ、特定の宗教を持たないことによるメリットとして、様々なバックグラウンドを持つ生徒の考えや意見を聞く機会を持ったり、日本の言語や文化に触れるを持ったりすることで、学校の特性を授業に反映するようにしています。

このような手法で学習を進める場合、とても重要な役割を担うのが保護者です。特に小さい年齢の子どもにとっては、その子のもつ好奇心や純粋な気持ちに対して、保護者が理解しサポートをしてあげることができなければせっかくの成長の機会と可能性について蓋をしてしまうことになります。

そのためアオバインターでは、少なくとも月に1～2回、保護者の方

に情報共有とIBを理解していただくためのセッションをもち、その中で家庭での子どものサポートの仕方について学ぶ機会を提供しています。各クラスのBlogを開設したり、成果発表の場を設けたりしていることも、さらに保護者の方がIBを理解し、学校以外の場でも同じ信念とアプローチで子どもに接していただくためのサポートの一環です。

そして生徒と保護者だけでなくIB教育を進める教員も、IBのベースである探究という概念を理解し体現しなければなりません。それは真のIB理解者であれば、学び続けること、探究し続けることの大切さを理解し、それを実践することに喜びを感じるからです。アオバインターではカリキュラム改善の取り組みを継続して行っておりますが、その基本的な概念が、'teachers as researchers'：教員全員が情報を共有しながらより良いものを作るための探究チームの一員となること、とされています。そのために探究にIT（Blended Learning）を積極的に導入し、教員に加えて世界中から知見を集め共有することで、効果を最大化しようと取り組みをしています。

先にも述べましたが、IB教育は理念や目標は明確である一方で、その達成のための方法については、フレームワークを提供するのみで、各校の自主性を反映できる仕組みとしています。

アオバインターで行われている内容も唯一解ではなくあくまでアオバインターとしてのひとつの解ではありますが、このIBというプログラムと、それが示す基準が「世界で活躍する人材を育成する」というミッション達成のため、アオバの大きな助けとなっていることは間違いありません。

● 答えのない世界

2．BBT大学（ビジネス・ブレークスルー大学）
——インターネット大学の開拓者としての試行錯誤と可能性

　インターネットを用いた通信制の大学として、2005年、東京都千代田区における構造改革特別区域である「キャリア教育推進物区」を活用し、株式会社ビジネス・ブレークスルーにより、経営学研究科経営管理専攻（専門職大学院）を設置するビジネス・ブレークスルー大学院大学が開学した。

　2008年に同研究科にグローバリゼーション専攻（専門職大学院）を増設した後、2010年には経営学部グローバル経営学科、ITソリューション学科を新設してビジネス・ブレークスルー大学（以降、BBT大学）と名称を改め、1学部2学科、1研究科2専攻（専門職大学院）を有する現在の姿となっている。

　運営母体の株式会社ビジネス・ブレークスルー（以降、BBT）は、1998年に設立されたオンライン教育専業企業であり、遠隔教育環境と経営の実践的授業コンテンツの提供に一貫して注力してきた。BBT大学は、その環境やコンテンツを生かし、「通学不要・100％オンライン」で経営の学士を取得することが可能な日本初の大学である。

　近年、大学におけるオンライン教育に対する議論や実践が活発化しているが、日本のインターネット大学のパイオニアであり、フロントランナーとして名を馳せているBBT大学では、いかなる課題に向き合い、いかなる工夫をしているのだろうか。そのあたりについて、大前研一学長にお話をうかがった。

◎独自に開発したオンライン教育システム

　BBT大学が学習システムとして取り入れている教育システムは、文部科学省が経営大学院として日本で初めて認可したオンラインによる「遠隔教育システム」である。オンラインといっても、従来の一方通行型のe－ラーニングとは異なり、教員から直接指導を受けたり、国内外の学生との議論を実現する、双方向型のシステムである。

　講義は、BBTが独自に開発した遠隔教育用ソフトウェア（＊①）「AirCampus®」（＊②）を通じて受講可能となっている。パソコン、スマートフォン、タブレット端末に対応しており、ブロードバンド環境さえあれば、世界中のどこからでも、いつでも講義を受けることができる。オンデマンド方式の講義なので、繰り返し受講することも可能である。学習中の科目の受講状況や発言状況も学生自身に分かりやすいように示すことで、その促進にも役立っているという（図表1）。これらはオンライン教育ならではの利点といえるだろう。

　BBT大学では、新たなコンテンツの開発も進めており、学生は卒業後も新しい科目を1万2000円（同窓会年会費）で受講することができる。そこには「学生が在学中に欲張ってあれもこれもと受講してしまい、虻蜂取らずになることを避けたい」という学長の思いもあるようだ。

　「AirCampus®」には「学生サロン」というオンラインでの交流の場も用意されており、サイバーコミュニケーションだけでなく、密度の濃いリアルな交友関係作りにも役立っているという。

　BBT大学のこうしたオンライン教育システムは、学生だけでなく、大学にとっても利点がある。通学制の大学では、教授空間としての教室は密室化していることが少なくないが、オンラインによる講義はオープンなものとなる。BBT大学では、講義内容だけでなく、学生の受講状況や発言状況などもサイトを通して全教員に開示している。それにより、学生に対する講義の成果とともに、大学や個々の教員が改善すべき点も明

● 答えのない世界

図表1　「学習中の科目に関する受講・発言状況」画面
(AirCampus 上)

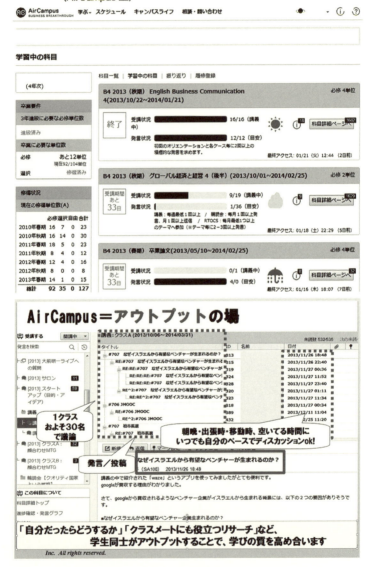

第3章：世界に通用するグローバルリーダーの育成を目指して

グローバルリーダーになるための未来への選択◉

図表2　BBT大学での「3つの学び方」

リクルート カレッジマネジメント 185 / Mar. - Apr. 2014

図表3　2012年8月視聴時間帯別受講数

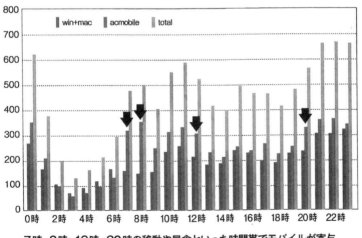

7時、8時、12時、20時の移動や昼食といった時間帯でモバイルが寄与

◎学生のlearnを促す

　BBT大学では、「教えない大学」を育成方針としている。「教えない大学」といっても、何も教えないという意味ではない。「学生をteach（教える）することではなく、学生がlearn（学ぶ）するのを手助けすることに大学の役割がある」という考え方に基づいて学習は設計されており、「3つの学び方」として、図表2のようなインストラクショナル・デザインの工夫を織り交ぜながら展開されている。「答えのない課題に集合知で取り組む」「実際にやってみる」といったことのトライアンドエラーに価値をおき、知識のインプットだけでなく、頭と手を動かしたアウトプット学習を重視している。

　「大学院生に比べるとリラックスした感じもあるが、クラスメイトに刺激されて、学生は必死に勉強している」と学長はいう。社会人も多く、平日に学びの時間を確保することは容易ではないだろうが、多くの学生は、土日はもちろん、平日でも2〜3時間、21：00から25:00といった深夜の時間までも活用して、主体的に学んでいる（図表3）。

　とはいえ、社会人経験がない、あるいは社会人経験が浅い学生も近年はみられるようになり、多様な年齢集団の学生がともに学ぶ場となっている（図表4）。定番の方式はまだないが、3ヵ月ほど観察した後にクラス分けをするなど、クラスメイトとの関係も意識した工夫もしているという。

◎教員と学生のつながりを生む労働集約型の教育

　BBT大学では、講義を受け、クラスメイトとのディスカッションを経たのち、論文レポートの作成を課している。これには2段階の課題があり、「そのプロセスは経営者になるための資質に通ずるもの」と学長

図表4　BBT大学在籍者の年齢構成 (2013/10時点)

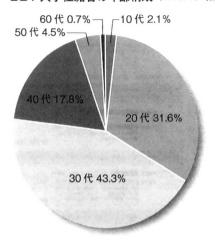

はいう。

　第1段階は、学生に共通の課題であり、比較的長い時間（2週間程度）で論文レポートを作成し、提出させている。「カンニングはむしろ奨励している」と学長はいう。ここでいう「カンニング」とは、他者の回答を盗み見ることを指すのではない。「学生同士がお互いに連絡を取り合うなどして、調べるだけ調べ、聞くだけ聞くことであり、学生自身が活用できる資源を有効に活用して、「質の高い」成果を挙げることを求めている。これは社会人としてはむしろ奨励される「学びの態度」で、そうしなければ独りよがりの間違った結論を出すかもしれないからだ。

　その上で第2段階では、提出した課題の内容に応じて、学生によって異なる課題を出し、2時間という「限られた時間」での成果を求めている。

　オンラインやサイバースペースでの教育というとドライで機械的な印象を与えることもあるが、教員と学生のこうしたやりとりは極めて労働集約型のものであり、両者ともに手間がかかるものである。だが、こう

した手間の一つひとつが「教員と学生のつながり」を生み出している。キャンパスで顔を合わせることのないインターネット大学だからこそ、なおのこと、こうした機会を貴重な「つながり」とより強く感じるのではなかろうか。事実学生達は頻繁にオフラインの飲み会などをやっている。

◎ドロップアウトへの対応

BBT大学では、インターネット大学のパイオニアとして前例のない課題と向き合い、試行錯誤を繰り返しながら、これまでに挙げた以外にも多くの成果を蓄積してきた。フロントランナーとして走り続けるBBT大学では、学生のドロップアウトに関する問題にはどのように対応しているのだろうか。

近年、通学制の大学でもドロップアウトの問題が話題に上ることが増えてきたが、インターネット大学や通信教育部のドロップアウト率の高さは、日本に限らず、かねてより大きな課題となっている。

大学院の修了率は85％と、ほかのインターネット大学等と比べて格段の高さを誇っている。大学院生と学部生では、学びに対する動機や意欲に違いもあるだろうが、85％という高い修了率となるには、学生側の意識に加えて、大学側の何らかの工夫もあるに違いない。

そのあたりについて学長に尋ねたところ、1年目の学生のドロップアウト率が高い傾向にあることがデータから分かっているので、学生がペースをつかむまでは講義のスピードをスローにし、後半になり慣れてきたらスピードアップをするようにしているという。

講義の進め方だけでなく、「学生にしっかりと受講させる」ための工夫も行っている。「講義で学生を寝かせない工夫」もその一例であり、講義中に数回、きちんと視聴していなければ対応できないようなアクションを学生に要求する「出欠確認」の技術を開発し、特許もとっている。

ほかにも、ドロップアウトの契機となる時点をデータから特定し、集

中的に学生支援を行っている。1週間単位で個々の学生の受講状況や発言状況などを教務担当が確認し、必要に応じてメールや電話連絡をしている。教務担当には、職員だけでなく。ラーニング・アドバイザー（以降、LA）と呼ばれる、大学院の卒業生が数多く携わっている。彼らは愛校心や帰属意識が高く、ほかに本職を有しながら、ボランティア程度の謝金でLAをつとめているという。

　受講の進め方や単位の取得などの支援にあたる際には、学生の状況によっては、次年度以降の再受講を勧めることもあるという。「とにかく必要な単位数を取得し、4年間で卒業すること」を第一とするのではなく、あくまでも学生自身の成長や利益が第一と考えてのことである。

　BBT大学では、仕事に忙しい社会人などの事情を考慮し最長在籍年数を8年間としている（休学期間含む）。在学5年目以降（休学期間は算入しない）にかかる費用は、システム利用料20万円/年（＊③）のみで（授業料は不要）、学びに妥協をしない学生の経済的負担にも配慮をしている。

◎ BBT大学が、今、抱える課題

　昨今、多くの大学が抱える課題、いわゆる「入口」と「出口」の問題について、BBT大学ではいかなる状況にあり、いかなる課題を抱えているのだろうか。

　大学院大学から大学へと裾野を広げたわけだが、BBT大学の定員充足率はおよそ8割にとどまっている。だが、「無理をして人数を集めるより、クオリティを担保することのほうが大事」と学長は断言する。クオリティの高い学生集団を形成するためにも、「経営の勉強をしたい」という動機や意欲のある学生に対して、奨学金や50％授業料免除といった経済的支援を行うなどのインセンティブをトライアル中であるという。

　BBTには「向研会」という、国内の主要都市ごとに、新しい時代のビジネスモデルの創造を志す企業経営者で構成される勉強会・経営者ネッ

トワークがあり、BBT大学の学生はその勉強会を見ることができる。こうしたナマの学びの刺激を受け、「社会が欲しているのは、いかなる人間なのか」を学生は体感していくのだろう。それは結果として、自己成長への主体的な学びにつながる。こうした学生を企業が欲しいと思うのは、当然である。

では、今、BBT大学ではどのような課題を抱えているのだろうか。

「設置基準の問題」を学長はまず挙げている。特に「面接授業をしてはいけない」というのは、BBT大学が目指す教育を行う上で、さまざまな点での縛りになっているという。

また「サイバーに馴染むような教員」についても学長は言及している。キャンパスで学生に接し、授業を行うことに慣れている教員が、必ずしもサイバースベースでの優れた教員であるとは限らないという。オンラインを通じてのものの言い方やハラスメントの問題、炎上防止など、サイバースペースならではの留意すべき点もある。「オンラインを通してでも、『見えない人達を見えるようにしていく』教員」がオンラインによる教育を行ううえでは必要であり、そのためのノウハウも大事であるという。こうした指摘は、今後、オンライン教育を推し進めていく大学にとって示唆に富むものであり、「サイバー社会をどう生産的にしていくか」という大きな課題にもつながるものであろう。

インターネット大学のパイオニアであり、フロントランナーとして名を馳せているBBT大学であるが、「オンラインによる教育環境やコンテンツ」は、BBT大学が目指す「学生を主体にした教育」を推し進めるための、あくまでも一つのツールであるといった印象が、学長の話をうかがううちに強まっていった。

オンラインによる教育は、ややもすれば大学側からの一方通行となるが、BBT大学ではあくまで「学生を主体にした教育」にこだわっている。それが結果として「ライフタイムエンパワーメント」につながるとの思いがあることは「主役は学生であり、彼らがいかにハッピーになるか。プロフィットはあとからついてくる」との学長の言葉からもうかがい知

ることができる。

　学生や大学院の卒業生達とのやりとりを、時に誇らしげに時に笑いを含めて具体的に語る大前学長の姿は、経営や経済に関する多くの著書を持ち、各国で活躍する経営コンサルタントというより、学生思いで教育熱心な教員の姿そのもののように感じた。

　今後は、こうした学習スタイルを享受する層がより広がることを期待したい。例えば、女性である。BBT大学に在籍する女性は、全体の20%（＊④）にとどまっている。女性の社会進出が当然の時代になったといわれるが、出産・育児や介護に関わる期間のキャリアアップやキャリアキープは依然として大きな課題のままである。インターネットさえつながれば、どこでも、いつでも、何回でも学ぶことのできるBBT大学の学習スタイルは、こうした課題に対しても、極めて有益なものとなるのではなかろうか。

（望月由起　お茶の水女子大学　学生・キャリア支援センター特任准教授）

＊所属、肩書き、役職等は全て掲載当時のもの

（リクルート カレッジマネジメント 185 Mar-Apr.2014　リクルート進学総研）

＊①システム
＊②日米特許取得
＊③24万円、2016年度時点
＊④23%、2016年度時点

3. これから求められる経営者像

——BBT大学院が成し遂げてきた世界で戦える尖った人材、その教育と挑戦

(BBT大学大学院　開学10周年記念　特別講演・2015年7月11日より)

ビジネス・ブレークスルー大学学長

大前　研一

大前　今日はBBT大学院の10年を振り返って、そして、これからどういうふうな方向に行こうとしてるのかについて、ちょっと私の考えを話させていただければと思っております。ちょうど10年間たちまして、各卒業期ずっと来たわけです。図①のグラフの黒い部分がGMBA（グローバリゼーションコース）です。最初普通の大学院と同じように春秋、春秋やってたんですけども、秋のほうの入学が非常に少ない。これ、最後ボンド大学で首実検されるんで、少ないといろいろと不都合もありますし、私もそのときに行かないといけないんで、カットいたしまして年1回4月に入るという事に変えました。いずれにいたしましても、この3月期が84名ということでGMBAも18名ご卒業いただきまして、非常にたくさんの、これで見てると、ならしていくと尻上がりと言っていいのかなと思います。合計、この84名を入れると811名ということで大きなアルムナイのボディーというものができたわけです（図②）。それで、いわゆる仕事をしている分野を見ますと（図③）、これが同級生がAirCampus®でディスカッションしてるときに、いろいろな分野の人がいるというのは非常に助かるわけですが、これで見ますと医薬品、食品、情報処理、商社、電気、製造と、昔と比べて製造業が日本の場合も今かなり減ってきているんですけども、その後、産業の分類の取り方にもよるんでしょうけれども、あらゆる分野に分布しているということが

グローバルリーダーになるための未来への選択●

分かります。これ、各期、入学者がある度にこういう統計を取ってるんですけれども、若干地域的あるいは産業的な片寄りのあるときもありますが、10年でならして見ると、こんな感じで私の記憶とも大体一致してるという感じです。

それから、侍ビジネス（次ページ図④）。私は昔からアタッカーズビジネススクールで侍ビジネスというものに着目して、こうやると、授業は幾らでもできるんだぞと言って、着想の仕方として侍やってまして、元榮くんなんかが弁護士ドットコムとか、ああいう会社を作ってくれてるんですけども、他の侍事業も、

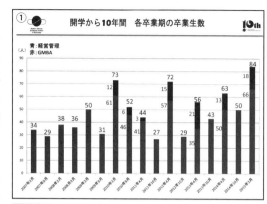

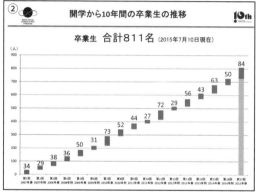

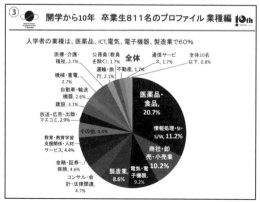

そういう資格を持ってる人とニーズのある人のロケーションがずれてると、ロケーションが違うということで、これをアービトラージするというのは、かなり大きな商売になるということを90年代のアタッカーズビジネススクールなんかでは、しきりに言っていました。大学院の入学者を見ますと、お医者さん21名、これ一番多いんです。いわゆる侍業の、つまり専門家の人たち。その専門家

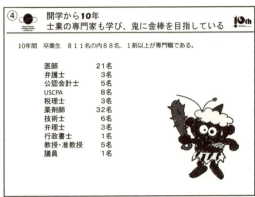

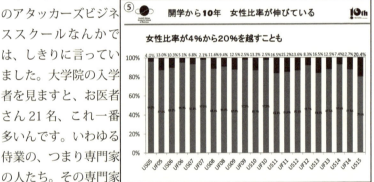

の人たちも、やっぱり経営の勉強しなきゃいけないと、これはもう昔から私が言ってることで、それに呼応してくれたといいますか、そういう形で国家試験／資格などを持っていながら経営の勉強をしようという人が増えてきているというのは非常に喜ばしいことだと思います。811人の中で88人が侍資格を持ってるということです。弁護士、公認会計士、アメリカのCPA、それから税理士、薬剤師、技術師、弁理士、行政書士、それから教授、准教授という方が5名と、議員さんが1名と、こういうことです。

それから、女性の比率、これを多くしたいわけですけれども、現在一

グローバルリーダーになるための未来への選択●

番最近のこの春入られた人の中で、女性の比率が20で、初めて、この20という大台を超えた。このままの傾向でいくかどうか分かりませんが、大学のほうも女性比率が非常に増えてます（図⑤）。大学院じゃなくて大学のほうも。ということで女性が活躍してくれるというのは非常にありがたいということで、一番最初は4パーセント、こういうことですから、だいぶ増えてき

てるんじゃないかと。ただ、この統計見ると、その期ごとに、ものすごい凹凸がありますんで傾向と呼んでいいのかどうかと、これは菅先生に聞かないといけないと、こういうことですね。

それからAirCampus ®のほうは、フットプリントが分かりますので、どっから入ってきてんのかということを見てると、驚くべきことに過去10年間に95の国と地域からAirCampus ®にアクセスして勉強してくれています（図⑥⑦）。日本に住んでる人が旅行してるときもあるし、そういう所に住んでる人もあるしということですけれども、このように95の地域からということで、われわれは世界どこにいても勉強する機

会を提供するということを言ってスタートしたんで、これまた非常に喜ばしいことです。それから世界の他の所でこれをやろうとすると、ネット環境を整備する必要があるんで、われわれは早くからアカマイを使って地域によるハンディキャップというものを克服することをやってきてます。時々アカマイのほうもマルチファンクションしますけども、いずれにしても、こういうものがないと非常にかったるいと。

一番最初は、BBTスタートしたときは、海外にいる人にはビデオでフェデックスで送ってると、こういう状況でやってたんです。ですから、AirCampus®ができて、そして今のようなシステムができて、ネット環境が良くなってと、BBTそのものは15年ぐらいやってるわけですけれども、最初の頃というのは、むしろフェデックスに貢献という感じでしたが、今は大体世界のどこでもネット環境ありますので、どこにいてもできると。それから企業が国際化してくると、海外に出向していくという人も増えてますので、そういう人にしてみると、どこに移っても、この勉強を続けていけるというのが非常に重要なことで、いまだに集合教育をやってる、社員教育なんかは集合でやるという会社が大多数なんですけども、驚くべきことではないかと思います。やはりどこにいても、同じレベルの社員教育ができるようにするということでAirCampus®のようなものをちゃんと使ってやってほしいなと私は思ってるんですけども、実態から見るとBBT大学院が先鞭をつけて、これだけの地域から学位が取れると、こういうことを証明してます。国の名前をこうやって見てみると、むしろ皆さん驚くんじゃないかと思いますけども、フェロー諸島なんていうのありますよね。よく、こんな所に行ってもアクセスしてくれてるなと思います。

それから、これが入学時の平均年齢です（図⑧）。一番最初が38歳。普通の大学というのは日本の場合には22か23で卒業しますよね。だから、大学院というと、入学時は大体24、23、こんなところから行く

人が多いと。１回仕事やって、戻ってきて、いわゆるリアルでやったときには、どうしても20代の半ばの人が多いんですけども、この、われわれの狙いというのは、サイバーにすることによって経験が10年以上ある人たちが集って、さらに上を目指して勉強していくということなんで、狙いどおりといいますか38歳でスタートしてま

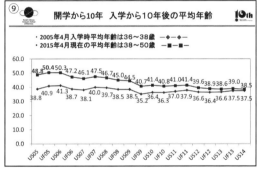

す。今、もう少し若くなるかと思っていたんですけれども、やはり37歳、あまり変わらないということですね。ですから、この10年間見てみると、36と38の間を行ったり来たりしてるということです（図⑨）。これは非常に喜ばしいことだと思ってます。これが要するに、サラリーマンをやっていて、ちょうどそのミッドキャリアの、これから大躍進するための経営の勉強を集中的にやろうというには、過去十数年の、いわゆる会社における経験と、それから今後いろいろと身に付けていないといけないようなものと、ちょうどミックスして、この年ですね。このぐらいの年齢でもってやるというのがいいんではないかと、我々は思っていたんです。大学のほうも、我々は、もうちょっと若い高校卒18歳でもいいということでやってるんですが、これまた32ぐらいということで、大学のほうもそこそこの年の人が来て、そして、いわゆる高卒とか専門

● 答えのない世界

学校卒の人たちが経営の勉強をまとめてやるようにと、こういうふうなこと。あるいは、また、大学は出たけども、工学部だったとか、どっかそういうふうな別な所をやってたんで、経営の勉強を大学レベルからやりたいと。我々は、どちらかというと、そういう人は大学院に来てやったらいいんじゃないのということで、だいぶ勧めてるんですけども、やはり経営の勉強を1からやりたいということで大学の経営学部に入ってくる人というのが、相当、いわゆる学士といいますか、そういう人が結構多いということです。

　で、ここにおられる古い人たちっていうのは、あれ以来10年たちましたんで、図⑨の上の■の折れ線になってるんですね。年齢が48・8と50・4じゃないですか。もうあと十数年、最も活躍できるときに近づいてるんですよ。だから、この10周年を機に気合入れ直すというのは、ものすごい重要なことじゃないかと思います。卒業してから10年近く、今後まだ10年以上大活躍の機会が残ってるということで、いい年齢になってるなあと、期待が持てるなあと思います。この10年間811人の人中で、現職でどういう人がいるのかということで見ると、社長さんと呼ばれるのが6・9パーセント、起業した人が4・3パーセントということで比率が非常に高いです（図⑩）。アタッカーズビジネススクールなんかの場合には、もう起業ということを前提にしてますけども、大学院の場合には経営の勉強してもらうということですが、BBT大学院の場合には、こういうふうな起業する人が非常に多い。35名が、この811人の中で起業して、この起業率4・3パーセント。抜群の高い比率を示しています。この内10名が、我々が提供している背中をポンと押すファンド、スポッフ（SPOF）の支援を受けてる人で、社長さんという肩書の人ですね。社長にもいろいろありますんで。先ほどの起業家を含む社長さんの数というのが56名、7名が上場企業の社長さん。これは上場企業の子会社とかグループ会社というのも含んでおります。それから、非上場企業の社長さんが49名と、こういうふうになってま

す。それから、上場会社の役員をやってる人が18名ということです。経営の勉強を集中的にやっといて良かったと思っていただければ、我々としては非常に大きな喜びと、こういうことです。

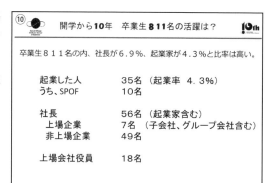

　私は最近、『低欲望社会』という本を書きました。これは実は私の還暦、今から12年前、オペラシティーホールでコンサートをやったんですが、コンサートだけじゃ申し訳ないと思って、そのときに講演をしてます。このときに、なぜ日本の場合にはお金ジャブジャブにしても景気が上向かないのかということで、要するに経済にお金が吸収されない世界でも珍しい国になってるんだよということを言ったんですが、12年前にそういうことを言って、今また安倍クロ景気でバンバカいくと思っていたら、そうでもないと。その最大の理由が、やはり経済がお金を吸収しないと。私の社会人になってからの経験ですと、やはり日本は低欲望社会。例えば、金利が5、6パーセントでも、お金を借りて家を建てると、こういうことをやりましたが、今は金利が1・数パーセントで35年フラットと、こういうふうにしても借りて建てようという人が少ないと。結婚をしたいという人も少ない。車を持つという欲望を持ってる人も少ない。まあ、必需品としての車。中国に行きますと、軽自動車が過半数と、こういう時代ですね。この低欲望社会っていうのは実は皆さんにとっては非常に都合のいい社会なんです。なぜかというと、皆が欲望が低い中で、尖って自分が上昇志向を持ってやると非常に当たる確率が高いと。皆が欲望だけで出来上がってる中国とか、あるいはアメリカなんかの一

部の地域みたいにいくと、これは、なまじの欲望では駄目なんですけども。だから、孫さんが私に、皆さんもエアーサーチで見たかもしれませんが、「大前さん、あまりみんなを教育しないでください」と、「あおらないでください」と。「みんなが寝てるから、私は仕事がやりやすいんで、刺激をしないでください」ということをインタビューして、2人で対談してるとき堂々と言ってましたよね。だから、彼は知ってるんです。「私は欲望の塊」と、「みんなが欲望の塊じゃないんで日本というのはいい環境ですね」と、こういうことです。にもかかわらず私の方は「この欲望というか正しいアンビションを持つ、そういう人を何とかお手伝いしたい。何とか輩出したい」と、こういう気持ちで10年やってきたわけです。

ここで、尖った人間、これ、尖ったっていうのは性格が悪いという意味じゃなくて、やはり日本の場合にはどうしても『長いものには巻かれろ』とか『出るくいは打たれる』ということで育ってきちゃうんで、自分だけ尖ったというふうにやってるというのはくたびれることなんですね。しかしながら、これからは、そういう人でないと、やはり世の中を変えていくことは出来ないと思います。これは、色んなグラフを皆さんには、今まで見てもらってますけれども、1世帯当たりの平均所得です（図⑪）。首相も経団連の会長も組合に行って、「皆さん、給料上げてください」って言って。今まで経営側は給料上げないようにしてたんですけども、経団連会長なんかは、そういうことで総評の大会なんかに行って「給料上げてください」とやってるわけです。でも、現実の問題としては、100万円以上、要するに平均の所得が下がってきてると。これで不平不満が少ないという。すごいことですよね。コンビニ弁当でも食っていけるわと、こういう感じですから。昔、藤田田さんが亡くなる前に「マクドでアルバイトしてる人っていうのは大体4万5000円ぐらい。ちゃんとやればアルバイトでいけるんだ」と、「夫婦で10万円だよ」と、「だから、親の所に住んでれば、これで十分やってける」ということを言っ

てましたけども、そのような状況がまさに出てると。給料が幾らでも暮らしていけると。

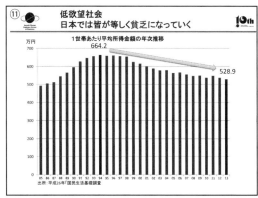

ただ、将来を見ると、いつまでもそうなのかというと、このグラフも皆さんは何回も見てるグラフなんですけれども（図⑫）、ここで真ん中の色の所が15歳から64歳までの、いわゆる就業可能な年齢層というところですが、この2040年で58パー

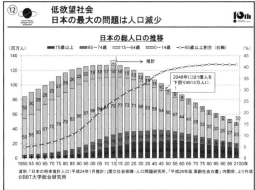

セントですが、15から22ぐらいまでは大学に行ったり高校に行ったりする人がかなりいますので、義務教育の外側で働かない人がいますよね。それを取るとちょうど半々、すなわち養われる人と養う人が半々になってしまうということです。今から25年後ということです。そういう中で人口減少、今年もかなり顕著な20万人超える人口の減少があるんですけども、2048年は1億人を下回りますよと、こういう感じですよね。このような傾向は世界で一番早く日本を高齢化社会にするんですけれども、高齢化社会は同時に少子化社会でもあるわけです。結婚年齢が遅れるのと、結婚願望が少なくなってるということもあって、非常にそういう点では、かつては人口ボーナスがあったんですけど、今では人

口ボーナスというのを一番シビアに受けてるのが日本ということになります。

この団塊の世代というのが段々と上に上がっていきますが、2040年のプロフィールを見ると

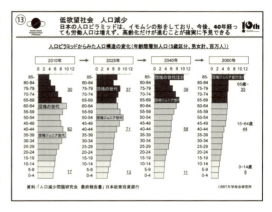

85歳以上の人がセグメント的に一番多いと（図⑬）。これは、今、田舎に行くとこんな感じですよね。気持ち悪いと言うけど、あれが日本全体になるわけです。そういうことで、2060年は見たくないですね。皆さんも、その前に、どうぞ亡くなってください。こういう状況です。圧倒的多くの人が85歳以上。日本人は長生きしすぎるんです。だから、皆さんは大学院入ってきたのが仮に37～38とすると正しいんですね。要は高校出て大学行って、行く人は大学院に行って、そして就職をすると。それで勤め上げて最後にまだ20年余るんですよ。だから、ここは好きなときに大学に行って、必要なときに勉強をしてというものにしないと、タッタッと行って、もうストレートでなんて自慢してるけども、墓場にもストレートに行くってつまんないですけど、今、多摩ニュータウンなんか行ったら分かります。私も埼玉県のアドバイザーやってる頃には、あの辺の随分過疎化したというかゴーストタウン化したベッドタウンを見て、「何とかしてくれ」と言って、考えましたけども、昼間行っても高齢者が犬の散歩。で、話を聞いても、ランの栽培。これ20年持ちませんよ。だから、日本人は最後、長生きしすぎるという問題が一つありますけども、ここがロシアなんか行きますと、男の寿命は58歳ですから、その暇もなく亡くなっていくと。アル中と自殺が死亡の最大の原因なんですけども。そういうふうにしてくれって言ってるわけじゃ

ないんですけどね。
今、ギリシャなんかは、むしろロシア型の寿命にしてもらったほうが、年金を払うのが少ないからいいなんて、こういうふうになってますよね。

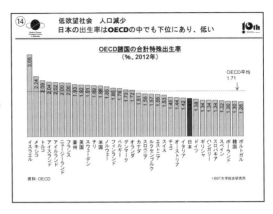

いずれにいたしましても、こういう恐ろしい分布になると就業人口の中に、自衛隊、警察、消防士、そういうふうな人が非常に少ないんで、そこをボーンと強制的に取っちゃうと、会社に勤めてくれる人が少なくなると。日本企業は日本の中で、未来永劫やってくということが非常に難しくなるというのが、この人口プロフィールから分かると思います。それから、出生率がずっと下がってるわけですけども、この合計特殊出生率というのは、OECDの平均が1.71（図⑭）。フランスとスウェーデン、私が向研会資料で皆さんにも説明しましたけれども、非常に国家予算的にもお金の掛かることをやって、20年かけてようやく2・0とか1・9ぐらいに戻してますが、日本は、これ何にもやってません。そういう点で、この後、子どもがバカバカ出てくるという具合にもいかないと。某経営者がタイで1000人産むといってやってましたけども、こういうやり方できる人は限られてると思いますんで。そういうことから見ても、この子どもたちがたくさん出てくるということも期待できない。そうなると、私が25年前から言っている移民しかないんですけども、移民というのは日本では非常に議論しにくいです。石原慎太郎が「日本中が新大久保みたいになっていいのか」と、こうやって彼が一言言うと、「あ、良くないです」って言って、これで終わりなんですね。ということで、日本はメキシコの次に移民の少ない国と、こうなるんです（図⑮）。メ

キシコは移民少ないに決まってますよ。あの国から出てく人が多いんですから。そういう意味では、メキシコからアメリカに行く人が多いんですけど、好き好んでメキシコに来る人っていうのは少な

いと、こういうことです。先進国の中で実質的には最低レベルと、こういうことですから、この問題は今の日本の政治を前提にすると解決しません。デモグラフィーは10年、20年後がはっきり見えるという点において、経済予測と違って非常に先が見えてる。見えてて何にもしないというところが、この国の特徴です。

　この低欲望社会ではあるんですけれども、そこでアンビションを持ってやっていこうということは、流れと反対のことをやってくれということですよね。これも私はいろんな機会に皆さんには伝えてきたと思いますし、毎週のライブでも事あるごとに言っておりますけれども、プア充じゃあかんということです（図⑯）。これは基本的には教育改革をしないといけないと思って。その私の大きな考えの中で、このBBTの大学、大学院、そして経営者の教育その他をやってるんですけれども、明治時代、富国強兵、殖産興業ということでやって、あんまり強くなって歯向かうといけないんで修身なんてことをやりました。その後、戦争が終わって、二度と戦争はしない、お尻ペンペン、ごめんなさいと、こういうふうなことで再スタート切ったんですけれども、加工貿易立国。資源の乏しい日本は世界から資源を輸入する。それを加工して輸出し、その付加価値で我々は生きていくと。その付加価値で次の資源を輸入し、さら

に食料品を買って腹を満たしていくということで、『働かざる者食うべからず』と、これが要するに基本的には日本の戦後の国是、大方針、大当たりして輸出しすぎて日米貿易戦争とか、そういうところに巻き込まれたわけです。

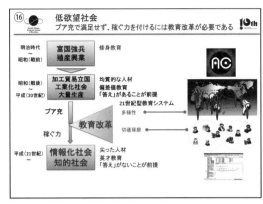

　この20世紀後半は、割りに均質レベルの高い、そういう人たちをして欧米に追いつき追い越せということ。それから、その中のリーダーっていうのは、国のほうがあらかじめ決めといてやろうといって偏差値とか、そういうことをやりました。これは追いつき追い越せですから、答えはどっかにあるという前提でやってきたわけです。この人たちが今、いやあ、世の中って本当に分かんなくなっちゃったよなあと、こうなってるんですけれども、ちょっとここで考えていただきたいんですけど、2040年、今から25年後というのを考える一助として、25年前1989年、まあ1990年、この辺り皆さん、覚えてます？　このわずか25年前なんですけれども、ここに25より若い人はいないと思うんで、みんな覚えてるはずなんですけども、ロシアが崩壊した。ソ連邦が崩壊したときですよね。それから昭和が終わって平成になったときです。その頃、携帯、スマホないですよ。携帯は弁当箱みたいなでかいやつで、ものすごい重たい物を抱えて、お金持ちだけがこうやって、やってましたよね。うらやましい。肩からこうやってベルトでしょってる人もいましたけどね。これが25年前です。もちろんデジカメなんていうのはないです。デジカメは2000年からですから。そういう点で、25年前の世界っ

● 答えのない世界

ていうのはインターネットもないんですよ。私は、平成維新の会というのを93年からやって、この頃みんなをネットで組織しようとしましたが、当時はインターネットがなくてパソコン通信というものでした。このパソコン通信でシステムを動かしていくという非常に使いにくいもんです。

　ですから、今のような形で、みんなが普通にPCとかなんかでやれるようになったのはWindows98以降です。私が『インターネット革命』という本を書いたのは95年です。その95年すなわち20年前に、ほとんどの経営者は「大前さん、こういう社会っていうのは、我々が生きている間には来ないですよね」と言ってましたけれども、2000年には完全に来て追い抜いていきました。ですから、今、私があの『インターネット革命』を読むと、恥ずかしいぐらい原始時代の話が書いてあります。村井順さんもあの中に引きずり込んで対談してますんで、恥ずかしい人が何人かいますけども。その後、携帯文化になり、その後、この7、8年はスマホ化していくと。2005年以降ですね。そういう時代です。それと共にネットが非常に高速化しまして、どこにでもこの電波があると、Wi-Fi環境があると、こういうふうになってインターネットの学者たちが90年代に言ってたユビキタスという環境ができるようになりました。この環境ができると、基本的にはどこからどこにでもつながると、人と人が話さなくても機械と機械が話す。Machine to machineですね。M to Mの社会。今はそういうのをIOTと、Internet of thingsとかInternet of Everythingと、こういうふうに言うことが多いですけど、我々が今から十数年前には、これをM to Mというふうにして機械同士が話をすると、機械同士がコミュニケーションすると、こういうことを言ってました。

　ここで、大産業革命が起こって、この産業革命、日本は若干遅れておりますけれども、世界的に同時に起こってます。理由はスマホ文化とい

うのは世界的にほとんど同時に浸透してしまったからなんです。このタイミングで稼ぐ力というのは、欧米の先進事例を覚えただけでは駄目です。そういうものではなくて自分で物を考える、そして自分で疑問を持ち、答えを見つけていくと、こういうことができないといけないと。これはアルビン・トフラー的に言えば、情報化社会が完全に到来してるんですけれども、同時にこれは知的な社会であって、そして答えがないところで、正しい質問をして答えを見つけていくことができると。これが20世紀の教育とまるで違うことです。20世紀は大量生産、大量消費、大量教育ですから、みんなとにかく、このレベルの教育は受けてくださいということですが、21世紀はそういう時代ではなくて、尖って自分でそこのところに事業機会とか経営のやり方が分かる、そういう人間が勝ち組に入っていくわけです。ということはEverybodyじゃないんです。そういうふうなことを気が付いて自分で走っていくと、自分でやると。つまり、イニシアチブを取って行動する人間ということが非常に重要です。20世紀型の教育を受けた人は答えがないと不安になります。でも、世の中には答えなんていうのはどこにもないと。こういう時代になって果敢に質問をしてやっていくと。我々は大学院でいち早く始めたリアルタイム・オンライン・ケーススタディー（RTOCS）で、私があの人の立場だったらこうするよってなことを皆に考えてもらう、1週間。そして、1週間後には私が図々しくも、私だったらこうするよと言うわけです。そんなことなんで言えるの？　と言うような人は駄目なんです。言い切って、それで、自分だったらこうすると言ったことをやっていくと、これを来る日も来る日もやんないと駄目というのが特徴です。

　ですから、AirCampus ® というのは、そういうふうな議論、自分だったらこうするよという議論を、つまり答えは何かというんではなくて、皆でその答えを探そうと、あの人の立場だったらどうするか。で、自分がそういう立場になったときには、同じように分析をして自分で正しい行動を見つけていくと、こういうことのできる人でないと駄目と。リア

● 答えのない世界

ルタイム・オンライン・ケーススタディーというのは、世界中でどこへ行ってもないと思います。ないに決まってますよね。学校の先生というのは同じことを何年にもわたってやってるし、ケーススタディーなんていうのはハーバードで作ったものをいまだに使ってますから。10年前。その内の会社の半分はなくなってますから。「でも、これはケースですから、ぜひ付き合ってください」なんて、先生のほうが生徒の理解を求めるという、こんな感じです。このような大きな転換、教育の変換をなくしては、乗り越えられる人というのは出てこないと思います。

　で、これも私は何回も言ってきてることですが、20世紀というのは人・金・物、これが経営の三種の神器だったということなんですけれども、21世紀は金・金・コモディティーになりました。人・人・人です（図⑰）。なぜかというと、いい人がいればお金は集まってくる。今、金利が0.3〜0.4パーセントで大銀行からお金借りられます。お金がコモディティーになった、初めて。世界中、金があふれてるんです。アメリカもゼロ金利長い間続けました。この後、金利上げるわけですけれども、大して上がらないと思います。ということで、金はもはや経営のボトルネックにはなりません。いいアイデア、いい事業計画、いい実行力、そういうものを持った人または企業にお金が集まると、物っていうのはどちらかというとノウハウ的なものとか知的所有権みたいなものもあるんですけれども、単なるブツとしての物じゃなくて、これもお金で買えます。Androidなんてのは、もう、タダでいいから使ってくださいと、こういうふうになってますよね。ですから、これからは人が経営にとって最も重要な要素になってきたと。大量生産時代っていうのは人はコモディティーで、そこそこの学校出て、そこそこの教育受けてれば、あとはうちに入って仕事のやり方教えるよと、これで良かったんですけども、今、会社に入って仕事のやり方教えてもらって役に立つようなことをする人が少ないと思います。古い人が教えてますから古い人間が育つだけです。
　ここに書いたような企業の時価総額というものを見ると、物の会社

エクソンモービルとかトヨタとか、そういう所を上回るような IQ だけの会社ができてきてますよね（図⑱）。Amazon、それからジャック・ドーシー、スクエアとかイーロン・マスク、スペースX、もちろんテスラモーターズとか、そういうのもあるんですけれども、こういうようなやつというのは、ほとんど尖ったキャラの人たちがやってますね。このベゾスという人は、

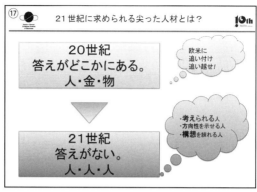

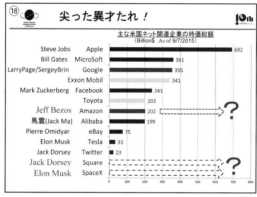

ちょうど創業20周年やったところですけれども、「自分は本屋になるわけじゃない」と、創業のときに「世界一のリテーラー、小売り屋になるんだ」ということを言って本屋をやったわけです。それは本が一番間違いがない。インターネットというのは左脳のものだったんです、当時は。だから、左脳でいったときに一番間違いがないのは、大前さんの低欲望社会、かっこ小学館って言ったら1冊しかないと。これ間違いがないですね、デリバリーしたときに。でも、アパレルとか靴とか、そういうことをやると、これちょっと私のネットで見たときの感触と違うといって返品がボーンと増えるわけです。だから、右脳型のものというのはネットは長い間苦手だったわけです。もちろん、ザッポスという靴の

● 答えのない世界

会社が出てきて、これも台湾人なんですけど、アメリカで起業して返品自由としたんです。物流が強くなったAmazonは3足、4足注文してもらって、履いて、いろんなものと合わせて、そして要らないものは返すと、返品自由とやって大成功。これはやっぱりベゾスはずっとそれを考えてたんですね。で、「自分で家具やったりなんかしたけど、うまくいかなかった」と言って、このザッポスを900億で買いました。そのぐらい金を出して買ってもいいぐらい、要するに右脳型のものができてる唯一の例としてザッポス、しかも一番難しい靴、ここに入ってきたわけです。

ですから、今、Amazonは返品は比較的自由にすることによって、で、それができる理由も物流ができてるからなんです。そういうことで右脳型の商品もたくさん売れるようになってきた。この人は赤字が出ることは全く気にしてません。いつでも黒字になれると思いますけれども、とにかく自分がやりたいことがあったら、その投資を、またその値引きなら値引きというものを果敢にやってシェアを取りにいくと、こういうことをやってます。こういう人は大企業で、ずっと教育受けた人の中からは出てこないと思います。「こんなに赤字でいいのかよ」と言うんですけれども、いつでも黒字になると。ただ、まだまだ実験しなきゃいけないことがいっぱいあると。なぜかというと、自分はこの領域のパイオニアだからですね。そういうことで、この会社は赤字であっても株価はそれほど落ちない（図⑲）。それから、ジャック・ドーシー、Twitterの創業者で、今また会長に戻ってますけども、スマホに付けるSquareリーダー、これでクレジットカードを読み取るというこれですね。これもまた、うまくいくかどうか分かりませんが、クラウドコンピューティングの中で、巨大なPOSの持っている機能を全部提供していくと、こういうやり方です。

それから、eBayの創業者の1人ですけれども、イーロン・マスク、

スペースX、それか
らテスラ モーター
ズ。テスラもこの
後、本当にうまく成
功するかどうかは分
かりません。でも、
彼がやるとなると、
金が集まると。それ
からスペースX、3

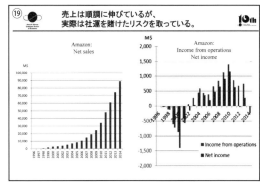

回爆発してます。それでも、まだやってますよね。最近なんかは「彼の失敗が将来の成功につながる」なんて、まだ、3回爆発してもNASAの契約は切られてないですよね。こういう尖った人間というのが世の中を変えてます。これ、アメリカというわけじゃないんです。たまたまアメリカが舞台になってる所が多いですけれども、ご存じのようにAppleのスティーブンジョブズはシリア人の子どもです。アメリカ人と結婚したシリア人の子どもで、お父さんはシリアの革命運動で戻っていっちゃったわけです。だから、お父さんに会ったことないと思いますけども。それから、イーロン・マスクは南ア連邦の出身です。Googleのセルゲイ・ブリンもロシアの移民の子どもということで、多様な環境で育った極めて変わった人間というふうなのが共通項かなと思います。

　今度、皆さん、ちょうどいい年になってきてますよね。特に10年前から入って卒業された方というのはいい年になってると。ぜひ、経営者として心構え、新たに事業、起業、チャレンジしていっていただきたいと思います。その際、私、親心としては、経営で成功するには経営戦略とか資金とか、そういう問題だけじゃありませんよと、ビジネスエシックスと、それから人間力（図⑳）。ビジネスの基礎というのは、BBT大学院にいる間に身に付けていただいたと思います。ただ、起業をして、あるいは起業家として、あるいは経営者として大企業の中にいても成功

していくときには、このビジネス・エシックスと人間力というのが非常に重要だと思います。天下の東芝がこのビジネス・エシックスがここまで崩れてるというのは大きく、みんなに衝撃を与えてる

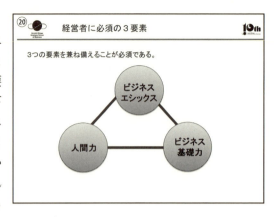

と思いますけれども、このビジネス・エシックスというのは、幾ら口を酸っぱくして言っても、真剣に取らないと大きな命取りになります。事業がうまくいってるときでも大きな命取りになると思います。

それから、人間力です。これはIQに対してEQということもあるし、リーダーシップの問題もあるし、プラス皆さんが学んでくれたビジネス基礎力と、こういうことだと思います。これは、一緒に仲間と仕事してても、うまくいかない。エシックスの欠如というのは一発ノックアウトの世界ですけども、人間関係のほころびというのは、一緒に起業した人なんかで最後は内ゲバになってパーということになります（図㉑）。例えば、うまくいった会社でも、松下幸之助さんは非常にキャラの違う高橋荒太郎さんという人と生涯ずっと一緒にやってましたよね。私は幸之助さんのコンサルティングやってるときに、高橋さんの所に必ず、幸之助さんとのミーティングの後行って、「こういうことをおっしゃっておられました」と。高橋さんも、ものすごい喜んで「ああ、よく分かる」と言って、生涯この2人は非常に強い絆で結ばれてたと思います。必ずしも仲良くやっていくということじゃないんです。本当に自分の持ってる能力を補うような非常に強いものを持った人が手を合わしてやっていくということが重要です。1人で何でもできるという時代ではな

いと思います。ですから、やはりキャラも能力も違う人が会社の目的に対して、あるいはお客さんに対するサービスの提供に関して齟齬をきたさないように内ゲバなんかやってる暇はないということです。

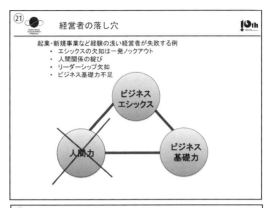

ですから、大学院の卒業生にいまさらなんですけども、卒業式のときにも私言ったと思いますが、この確固たるクレディビリティー

を、ぜひ四六時中意識していただきたい(図㉒)。倫理観、人間力、リーダーシップ、それからインテグリティ。インテグリティというのは要するに、ここで言ってることとあそこで言ってることはつじつまが合わないというようなことを平気で言って、その都度自分が正しい顔してると、そういうのがインテグリティーの欠如というわけです。それから、我々は古くから、創業の頃からLTEということを言ってきてます。Lifetime empowermentといいますのは、500人以上の経営者の仕事をマッキンゼー時代にやってきた私としては、経営者になって、そしていい年をしても、やっぱりサポートしないと駄目な人が多いと思ってます。私は非常に多くの経営者と仕事をさせてもらったんですけども、「Lifetime empowerment、こういうことはうちの会社には難しいよね」と。「でも、大前さんがそこまで言うんだったらやるか」と、「大前さんも一緒に来てやってよ」と、こう言ったときに一緒にそこに飛び込んでいくということも必要です。ですから、Lifetime empowerment、これが私の当初からの考え方です。ということは卒業生が中心に、このアルムナイのビジネスカンファレンスをやっておられる皆さんにも言いたいのは、一生学び続けてくださいと。とにかく学び続ける意志と、志ですね、行動力を持っていただきたいと思います。

エアーサーチのわれわれのライブラリーの中には1000名以上の経営者というのが1時間以上話ししてくれてるライブラリーがあります。ですから、エアーサーチで皆さんも、この経営者になるべくたくさん会ってもらうと。これは系統的にやる必要があります。1000人ですから、こういう感じの経営者の話を聞こうと、あるいは最近の若い経営者、そういう人の考え方に触れてみようと。ですから、freee（フリー）の佐々木さんとか、何人か、そういう面白い人の話でも聞くと、ああ、最近、事業で伸びてきてる会社というのは、こんな感じの発想をする人なんだなあということも分かるし、稲盛和夫さんとか孫正義さんとか、そういう人たちの映像もかなり残ってますので、ぜひ、その辺を見てもらう。1000人ですから。1000時間もこれやるのは難しいんで、自分で軸を決めて。そして、RTOCS（アールトックス）ですけれども、AirCampus®で毎週新しいのをやってます。あなたがその立場だったらどうするのということですね。皆さんも学校にいる間はRTOCSがあると、一生懸命考える癖がありましたけども、卒業して良かったと、RTOCSに追い掛けられないで良かったと思ってはいけません。私は10年間休まずにずっとやってるわけです。72歳でやってるんですから、皆さん、まだまだ私より若いんで、ぜひ、これを続けていただきたい。ここは分析、洞察、そして決断、こういうふうなものが養われるはずです。外れてもいいんです。そういう発想を、とにかく毎週1個やると

いうことが極めて重要ということです。

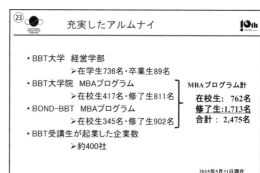

それから、さっき起業の話をちょっとしましたけれども、BBTですね。在校生、大学のほうですが、736名、卒業生は、まだ89名です（図㉓）。大学院の方は在校生が417名で、先ほど言いましたように卒業生は811名。それから、皆さんの兄弟分としてボンド大学と一緒にやっているボンドBBTグローバル・リーダーシップMBAというのがあります。これはMBAとしてはAACSBの認可も取っている、非常に今、中で勉強していただいた方には好評のプログラムですけれども、在校生が345名、修了生が902名。スタートしたのは大学院より恐らく早かったんで、あと1年で1000人を超えると思います。その時は、今の学長とも話ししてるんですけど、盛大に1000名を突破したときに、オーストラリアのほうでも何かイベントをやろうというふうになってます。以上三つでMBAのプログラムとしては在校生が762人、修了生が1713名、合計2475名と、非常に大きな数字になります。BBTの受講生が起業した企業の数が400あります。それは、大学の方が19社、1・7パーセント。これは在校生が多いんですよね。それから大学院が35、先ほど言ったように4・3。従って大学院が際だって、このパーセントが高いんですけれども、ボンドのほうは1・9です（図㉔）。ただ、我々全体から見ると、ABSが起業、6000人卒業してます、卒塾生、301社会社をつくってくれてまして、起業率が5・0パーセントということで、これはそれが目的で塾、アタッカーズビジネススクールに来てくれるので、非常に高いものですね。それから、この中で上場した人が7社います。mixiですね。第10期の笠原くん、それから

弁護士ドットコム、先ほど言った元榮くん、19期です。最近、同じ去年の12月10日と11日に上場してますけども、クラウドワークスの吉田浩一郎くん、18期。一番第1期では後藤

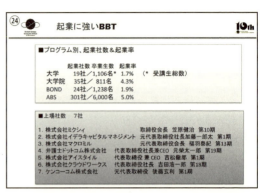

玄利のケンコーコムがあります。起業というのが一つの大きな特徴になってます。ボンドのほうは起業が少ないと言いましたけど、本書く人が多いんですよね。本格的なんです。これは全部で32冊あります。卒業生があらゆるジャンルのものを書いてくれてるということで、ボンドを卒業すると、なんか物を言いたくなると、こんな感じなんですかね。そういうことで起業の数は比較的少ないけれども、本をたくさん書くと。これから、もしかしたら起業にうずいてくるかもしれないと思います。

　このBBTのプラットフォームというのは、Lifetime empowermentということですけれども、このプラットフォームを全体を見ると大学があり、エアーサーチあり、AirCampus®があって、そして実務系のメンターとか、侍のサービスとか、そういうのがあって、起業をお手伝いすると（図㉕）。お金の面ではスポッフというものがあると。今後は他のファンドなんかとも提携して、このインキュベーションセンターのほうで、さらに資金面でも積極的に支援していきたいと思っております。このプラットフォームがようやく機能するようになってきたと思います。起業事業機会の窓というのは、いつまでも開いてるわけじゃない。皆さんの物理的なエネルギーとかいうこともあり、起業のチャンス、創業のチャンス、あるいは会社で勤めてる人にとっては、その会社にとって新しいことを

やるという提案をして、自らリーダーになると。そのチャンスをつかむために平素から準備をしておいていただきたいと（図㉖）。BBTといたしましては、私のオリジナルのコンセプトであるLifetime empowermentですが、もう一つ、その目的は何なのと言われたときに、グローバルにどこに行っても活躍できる人間になってほしいと、こういうのがあります。このためには、

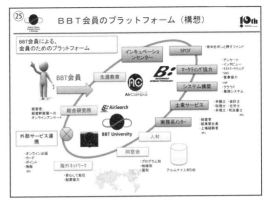

やっぱり語学力とか、物事をちゃんと説明したりディスカッションする能力が必要です。われわれも英語の教育というのを特に大学では非常に重視しておりますし、GMBAもボンドのMBAも1年目を日本語をやりながら英語で勉強していただいてTOEIC850というとこから2年目はオールイングリッシュと、こういうのをやってます。今、われわれはボンド大学と語り合って最初からオールイングリッシュのMBAのコースを作ろうと、つまりボンドBBTグローバル・リーダーシップの兄弟分として、1年目から英語と、最初から英語ができる人を想定しますと、アジアの他の国の人が入ってきてくれる可能性もあるし、オーストラリア人もクラスメートに入ってくる可能性があるというので、これの今、

計画をやっております。うまくいけば来年ボンド大学を中心に、これがローンチできるんではないかと思ってます。

まさに Lifetime empowerment で、そういうことをやろうとすると、大学から英語をあれだけ PEGL でやっても、ちょっと追いつかないという人は高校からやっててほしいと。高校からいきなり英語というと、これもきついなっていうんで中学だと。それもきついって言って小学校だと言って、今、日本でバイリンガルな学校で一番競争率が高いのは 1.5 歳なんです。1.5 歳の所が一番競争率が高いということで、われわれは 2 年前にアオバインターナショナルスクールを買収して、去年は JCQ という幼稚園を買収してきました。そういうことで、1.5 歳から文字通り墓場までと。墓場に行った後、天国で皆さんがいるのをもう邪魔しませんから、そこまでずっとプラットフォームを作りあげていきたいと思っております。皆さんにとっては親子 3 世代、何らかの形で BBT のフレームワークに触れていただきたいと、同時に一生学び続けるというのを皆さんの家庭の伝統にしていただきたいと思います（図㉗）。

アオバと JCQ ですが、幼稚園から高校まで一貫して IB（国際バカロレア）となると思います。これによって日本では、恐らく他に例のないような IB でずっと教育をし、できればその後、ケンブリッジに行っても BBT の大学に入ってきてもいいわけですけれども、そういったようなことで、国際的に活躍できる人材を、かなりの数つくり出していくという仕掛けがようやくできてきたと、こういうふうに私は思っております。後半のところはオンラインでやると、文字通り物理的に世界に、いろんな所にいる人が多いんでオンラインでやりますが、最初の高校まではリアルでやってます（図㉘）。このようにして、インターナショナルバカロレアで日本の大検みたいなもの以上の、海外の学校にも行けるというものを何年かかけて取得すると。アオバもわれわれが買収したと

グローバルリーダーになるための未来への選択◉

きに比べると格段に強化されて授業内容も充実してきております。世界的にはIBで学長やってたような人をリクルートしてきて、かなりの教員の入れ替えなんかも行っております。従って、皆さんの兄弟校というか、若い方は、こういうのがありますので、子どもたくさん生んでここに入れていただければ、私としては全部BBTの中で回るようになったら、ハッピーにあの世に行け

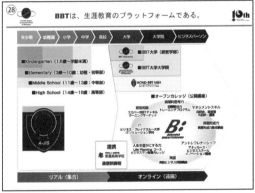

るんじゃないかと思ってます。成仏できたらいいなあと思っております。皆さん、頑張って今後ずっと勉強し続けキープ・イン・タッチ、我々の方のネットワークに色々、皆さんの活動の状況を報告していただきたいと思います。

(ビジネス・ブレークスルー大学大学院　開学10周年記念　特別講演・2015/7/11)

● 答えのない世界

4．すぐさま英語が身に付く 7 つの提言

　一定レベルの英語力を入社や昇進の条件にする企業が増えている。英語を社内公用語にした企業もある。だが、押っ取り刀で英語の勉強を始めても、途中でギブアップする人は少なくない。「使える英語」をしっかり身に付けるには、どうすればよいのか？　世界的な経営コンサルタントにして英語の達人でもある大前研一氏が、自身の経験に基づいた実戦的な英語習得術を伝授する。

取材・文／中村嘉孝

◇ 7 つの提言

　①日々情景を英語で実況放送せよ
　②外国人の道案内で学べ
　③まずは英語で自己紹介の練習だ
　④英語 "ながら族" になれ
　⑤自分がわからない表現は必ず書き留めよ
　⑥ TOEIC600 点までは "筋トレ" だ
　⑦でも点数は関係ない！英語は "即興" である

①日々情景を英語で実況放送せよ

　英語ができない人は、まず「実況放送」から始めることを勧めたい。これは実際に私自身が大学時代にやって非常に効果があった方法である。

当時、通訳案内業(訪日外国人の観光ガイド)のアルバイトを始めてもっと英語ができるようになりたいと思った私は、毎日の通学電車の中で、いま自分が見ている光景や頭の中で考えていることを英語で言ってみるようにした。すると、いくら考えても言えないこと、わからない表現がたくさん出てくるので、それをメモしておき、あとで調べたり、ネイティブの人に教えてもらうというトレーニングを繰り返したのである。
実況放送をやることによって言えないこと、わからない表現を1つずつ減らしていくのだ。それが英語が上達する最も手っ取り早いトレーニングだと思う。巷の英会話教室やテレビ・ラジオの英語講座などは教師が教えたいことを教えているだけで、自分が知りたいと思っていることではないから、それを受動的に学んでも頭に入らず挫折してしまうケースが多い。自分が知りたいことを能動的に学んでいかなければ、英語はできるようにならないのだ。

②外国人の道案内で学べ

　外国人は"生きた教材"であり"無料の英会話教師"だ。幸い、今は円安で訪日外国人観光客が急増している。銀座、浅草、渋谷、六本木、秋葉原などで地図やガイドブックを眺めて困った顔をしている外国人観光客がいたら積極的に声をかけ、道案内や観光ガイド、買い物の手伝いをしてあげよう。社内や近所に英語を話す外国人がいたら、お茶や食事に誘ってみよう。英語の勉強は、言えないことやわからない表現が出てきた時にそれを1つずつ克服していく作業の連続であり、そうして自分で獲りにいかないと絶対に身につかないのだ。

③まずは英語で自己紹介の練習だ

　海外に赴任した時や国内で初対面の外国人とビジネスをする時に自己紹介は不可欠だ。しかし、これが意外と難しい。日本人にありがちなパ

ターンは「社命で来ました」「前任者を踏襲して…」というフレーズだ。そして入社以来の自分の履歴を長々と説明したりする。だが、それでは相手の心を開くことはできないし、過去にどんな部署にいたのかということには誰も興味がない。もっと自分のキャラクターやパーソナリティを出して、なぜ自分がここに来たのか、自分は何を学び、何をしたいと思っているのか、ということをアピールしなければならない。

これは練習すればできるが、練習しないと「アー」「ウー」の連発になってしまう。だから自分が自信を持って堂々と言えるようになるまで、何度も何度も状況を想定して繰り返して練習する。そうすることで自分が納得できる最も良い自己紹介のフレーズが頭に叩き込まれ、どんな状況の下でもスムーズに言えるようになるはずだ。

④英語 "ながら族" になれ

私は大学時代は四六時中、FEN（現在のAFN）のラジオ放送を聞いてネイティブの英語に耳を慣らすようにしていた。赤ちゃんが3歳になる頃に自然と母国語を話せるようになるのは、意味がわからなくても親の話す言葉を毎日聞いているからだ。この万国共通の原則に倣い、自宅にいる時はテレビでCNNやBBCを流しっ放しにしておくとよい。この時、肝心なことは、内容を理解できなくてもかまわないので、意味を考えずにただ聞き流すことである。この "ながら族" を1年くらい続けると、単語やイントネーションが不思議と聞き取れるようになるのだ。

⑤自分がわからない表現は必ず書き留めよ

1の実況放送や2の道案内の項でも述べたように、英語で言えないことやわからない表現があったら必ずメモをとる癖をつけ、それをネイティブの先生に聞いて解決しておくことが重要だ。この「言えなかったこと」「わからなかった表現」に絞って問題解決を行う学習法に徹すれ

ば、みるみる英語力が向上する。逆に言えば「言えたこと」「わかった表現」は、もう勉強する必要はないのである。

⑥ TOEIC600点までは"筋トレ"だ

　TOEIC（国際英語コミュニケーション英語能力テスト）のスコアが450点以下の初級レベルの場合は、単語・熟語・発音・文法・フレーズなどの基礎力を徹底的に鍛えてビジネス英語の土台を身につけなければならない。これは、ひたすら"筋トレ"だ。

　私が学長を務めるオンライン教育の「BBT（ビジネス・ブレークスルー）大学」では、オープンカレッジとして『実践ビジネス英語講座』を開設しているが、そこで1年間の授業を終えてTOEICを受験した受講生の多くがスコアを200〜250点伸ばしている。その受講生たちが授業以外にどれだけ英語を勉強したかを調べたところ、500時間が"分岐点"であることがわかった。200〜300時間と答えた受講生の場合は50〜100点しか伸びていなかった。

　ということは、初級レベルの人でも年間500時間、1日平均1時間半、英語の基礎を勉強すれば、1年間で600点程度まで引き上げることができるわけだ。そこで必要な英語力は、中学・高校レベルで十分だ。基礎学習は単調で退屈かもしれないが、中級レベルに到達するための"筋トレ"と心得て、毎日の勉強が難しい場合は週末に3〜4時間集中するなどの工夫をして補いながら「1年間・500時間」の壁を乗り越えてほしい。

⑦でも点数は関係ない！英語は"即興"である

　ビジネス英語は「使えてナンボ」「結果を出してナンボ」であり、TOEICのスコアは関係ない。ビジネスの現場では、必ず想定外の出来事が起きる。そういう場合は"即興"で対応しなければならないが、

TOEIC850点以上でも自信がないというのが日本人の英語力の実情である。つまり「英文和訳」「和文英訳」の英語は、実戦では全く役に立たないのだ。

想定外の状況に直面しても臨機応変に対応できるようになるためには、ビジネスの現場で遭遇する典型的なシチュエーションを想定したやり取りをネイティブの英会話講師と、できるようになるまで何回も何回も練習しなければならない。それを1つ1つクリアしていくことで、英語に自信が出てくるのだ。

【コラム】〈そして先の一歩〉
◇スカイプでフィリピン人講師と会話レッスン

「BBT大学」のオープンカレッジ『実践ビジネス英語講座』（Practical English for Global Leaders／PEGL　http://www.ohmae.ac.jp/ex/english/）で高い効果を上げているのが、無料インターネット電話「スカイプ（Skype）」を使ったオンライン英会話授業だ。テレビ電話でフィリピン・マニラ首都圏マカティ市の女性講師とつなぎ、1対1の会話レッスンを行っている。

このオンライン英会話授業では、電話応対や状況説明、プレゼン、交渉といった日常のビジネスシーンで遭遇する様々なシチュエーションを150ケース以上想定し、ロールプレイ方式で臨場感にあふれた会話の訓練を繰り返す。レッスンは1回25分で、受講回数は初級コース25回、中級コース40回、上級コース80回。「初級コースで25回受講すると、9割以上の受講生が『英会話の自信がついた』と言い、実際、ビジネス英会話の力を飛躍的伸ばしています」（大前氏）。

（DIME 2015年3月号）

5．BBTオンライン英会話導入事例：
電通国際情報サービス

――100社以上のオンライン英会話の中から BBTを選び、複数拠点のレッスンに活用

関島勝巳氏（電通国際情報サービス管理本部人事部長）
田中有希氏（電通国際情報サービス管理本部人事部）

　電通グループのシステムインテグレーター、電通国際情報サービス（ISID、連結従業員数：約2400名＊①）では、2010年に本社（東京・港区）内に英会話教室を開設し、社員に英会話を学ぶ機会を提供してきた。しかし、各支社でも英会話学習の要望が高まってきたことから、オンライン英会話レッスンの導入を検討。100社以上の体験レッスンを受けた中から、ビジネス・ブレークスルー（BBT）の「BBTオンライン」を採用し、受講者から高い評価を得ている。

◎教室の補助教材として採用

　ISIDでは社のグローバル化を一層推進するため、2010年に英会話講師を採用。本社内に英会話教室を開設したところ、受講希望者が多数集まった。人事部長の関島勝巳氏は、当初の課題を次のように語る。
　「希望者が多いため、各自が受講できるのは50分のグループレッスン（4名）を週に一度のみ。これでは、どんなに先生がよくて、予習復習を頑張っても、上達する速度は上がりづらいので、受講の機会をもっと増やしたいと思っていました」

その頃、関島氏は偶然、Skype（無料のインターネット電話サービス）を利用してフィリピンの講師に英会話を習うオンライン英会話レッスンの存在を知る。早速、体験レッスンを受けてみたところ、比較的安価に英会話が学べることがわかり、英会話教室の補助教材にしようと考えた。当時50社ほどあったオンライン英会話の体験レッスンを一通り受講し、①通信回線速度、②講師の質、③費用の3つを重視して選定を行い、その時点で最良の1社を採用した。

「教室開設から1年半後、オンライン英会話を補助教材として、週1〜2回のレッスンを受講できるようにしたことで、回を重ねるうちに受講者の上達ぶりが実感できるようになりました」（関島氏）

◎実務に即した内容に高評価

やがて、各支社からも「英会話を学びたい」という声が上がるようになった。そこで、オンライン英会話を各支社にも展開しようと考えていた矢先、BBTから新サービスであるオンライン英会話の紹介を受けた。

「最初の検討以来、100社以上の体験レッスンを受けてきましたが、BBTのカリキュラムを見て、他社との明らかな違いに驚きました。ビジネス中心であることに加えて、外国人との仕事に不可欠なクロスカルチャー（異文化理解）の要素が非常に充実していたのです。実務に即したカリキュラムなので、すぐに体験レッスンを申し込みました」（関島氏）

関島氏と二人三脚で英語教育を担当する人事部の田中有希氏も、BBTに3つのメリットを感じたという。

「第1に、カリキュラムがしっかりしていて、レベルも細かく分かれているため、自分が今どの程度のレベルにいて、どのようにステップアップしているかが明確にわかります。

第2に、1レッスン（25分）の時間の使い方のうまさです。どの講師もトレーニングされており、オンライン英会話にありがちな、雑談で盛り上がり時間が過ぎていた、というようなこともありません。

第3に、ビジネス経験がある講師陣のため、レッスンの中にビジネスのリアリティを感じました。TOEIC上級者でも手応えを得られる内容だと思います。

また、TOEICや英語力評価の国際標準規格のCEFR(セファール)などと対比したレベル分けが行われており、他の英会話サービスとの併用でもレベル合わせに迷いません」

◎運用の工夫で受講率が向上

BBTに決めたISIDは、受講可能時間帯を平日・昼間の時間帯に限定することにより、コストを抑えることができる「平日昼間限定コース」を採用した。同社は裁量労働制を導入しており、日中でもレッスンを受けやすい環境にあることから、同コースでも支障はないと判断した。

同コースは、レッスン受講に必要なポイントがまとめて企業に付与され、そのポイントを受講者にどう割り振るかは企業が決める仕組みになっている。ISIDの場合、各時間帯に2名ずつ(*②)の受講枠があり、事前に受講者ごとに毎週の曜日・受講時間を決めて割り振った。

受講時間を固定することは、好きな時間を選んで受講できるオンライン英会話の特長に反しているようにも思えるが、曜日と時間を原則固定したことにより、かえって受講が習慣化された。加えてフレキシビリティーの高い受講振替ルールを定め運用することで、受講者の継続的な学習を実現している。BBTはレッスン受講の2時間前までのキャンセルができるため、受講予定の時間帯に業務が入ってしまった場合でも予約の変更がしやすく、高い受講率につながっている。

◎質の高い講師陣が好評

今年5月に第1期(半年間)を開講したBBTだが、受講者の評判は上々のようだ。

「特に好評なのが、各レッスンの後にMyPageに書き込まれる講師からのレビューです。どの講師を選んでも評価が共有されているので、今日の自分が1週間前と比べてどうだったかを把握できます。また、客観的な指標による評価の他に得られる講師のオリジナルコメントが、受講者のモチベーションを高めるツボになっています。受講後に『こんなコメントをもらえた』『リスニングが★4つもらえた』と受講者同士で共有し合う姿も見かけます」（田中氏）

田中氏は、受講者の1人としてもBBTを高く評価している。

「レッスンは、スモールトークで笑いも交えながら集中してテンポよく進み、講師が画面の向こうにいることの制約は特に感じません。学習コンテンツはリアリティあるビジネスシーンが設定されているので、25分間を終えるとやりきった嬉しさと達成感があります。BBTなら通学の必要がないので、通う時間もオンラインで練習する時間に充てて、英語を話す機会を増やしたいと思います」

現在、BBTを受講している60名（＊③）のうち、途中で進捗が止まっているのは、わずか数名のみ。質の高い講師から丁寧なフィードバックを受け、ステップアップを実感できるからこそ、忙しい仕事の合間でもしっかりと継続することができるに違いない。

●お問い合わせ・体験レッスン申込み先
ビジネス・ブレークスルー大学　オープンカレッジ 英語教育事務局
〒102-0084 東京都千代田区二番町3番地　麹町スクエア2F
TEL：0120-071-757 / 03-5860-5545　E-mail：english@ohmae.ac.jp
URL：http://bbtonline.jp/enterprise/index.html

（人材教育　November 2014）

＊①：2016年12月末時点：2,635名
＊②：現在計4名の枠（ISID本体3名、グループ会社1名）
＊③：2017年2月現在：約100名

6．グローバルリーダーへの道

(＊「実践ビジネス英語講座」メールマガジンより)

(1) 大前研一流の「相手を動かす英語力」とは？

　世界共通の言語は英語ではなくロジックだと言っても過言ではないほど、ビジネスパーソンにとっての必須スキルといわれていますが、英語で人を動かすという場面でも非常に重要な役目を担っています。しかしながら、ロジック＝論理という言葉の響きから、それを英語で使うとなれば難解な印象を受ける方も多いかもしれません。今回は、ビジネス・ブレークスルー大学（BBT大学）の「BBT大学シリーズ」最新書籍『プロフェッショナル イングリッシュ：世界に通じる英語力』（東洋経済新報社）から、そんなロジックを「学生時代に学んだ英語」にのせて、目の前の相手に効果的に自分の考えを伝える秘訣を紹介します。

　本書の最終章には、BBT大学の学長を務める大前研一氏と、BBT大学経営学部教授のスティーブ・ソレイシィ氏による「即興ロールプレイ」の様子がまとめてありますので、可能な方はぜひ、同書の中で解説しているロールプレイを動画で見ながら読んでみてください（文末〈ソース〉のURL参照）。

　設定された舞台は日本の自動車部品メーカーの米国フロリダ州タンパにある自動車部品工場です。日本の本社から、新しいゼネラルマネージャー（GM役：大前研一氏）が「業績不振の工場を再建する」という重たいミッションを持って、赴任してきたところから始まります。緊張感も漂う中、現地の工場長（PM役：スティーブ・ソレイシィ氏）が赴

● 答えのない世界

任早々のGMに初めて面会するのですが、初対面でどうすれば良好な関係を築くことができるでしょうか。

ロールプレイの中から、ロジカルに話が進んでいて分かりやすいところを例にとりあげます（動画の3分12秒〜）。ロジカルに伝えるための最も重要なルールの一つが、以前（＊）述べたように「最初に結論を述べる」ことでしたね。

（＊参照：【Vol.156】超簡単「ハーバード式・5行エッセイ」の極意
http://pegl.ldblog.jp/archives/43310663.html）。

さらに、結論を述べた直後に3つの理由を挙げることによって結論の説得性が増すのでしたね。

◎ロールプレイのトランスクリプトと日本語訳

【結論】So, please feel free to either take over my office or, you know, do anything you like.
（だから、私のオフィスを乗っ取るつもりで、好きなことを自由にやってください）
【理由1】Because I'm new in Tampa.
（なぜなら、私はここ、タンパでは新参者だから）
【理由1の補足】And, you know, I can't come up with a solution.
（それから、ほら、わかるでしょう。私は解決策を提示できないから）
【理由2】I'm a foreigner.
（よそ者だから）
【理由2の補足】I know something about production in Japan, but not much about the US production.
（日本の生産現場のことなら少しはわかるけれど、米国の生産現場

のことはよくわからない）

【理由3】You've been here for a long time.
（あなたはここで長い年月働いている）

【結論】So, you could certainly take initiative, proactive, and come over with suggestions.
（だから、いつでも遠慮なく、率先して、能動的に何でも言ってきて欲しい）

結論を頭出しして、1〜3の理由がそれを支え、証拠代わりに補足情報を加えて、理由を強化しています。そして最後にもう一度結論で締めくくっています。

動画を見て、すべての会話を聞き取ることができたでしょうか。上記のトランスクリプトを読めばわかるように、9割以上は簡単な英単語を使っています。「プライベートだから簡単な英語」「ビジネスだから難しい英語」という縛りは全くあてはまらないことがわかります。難しい単語よりも、このロールプレイの中で使っているような「中学生でもわかる単語」をロジカルに構成することが威力を発揮するのですね。

1文1文が短いのも特徴です。文章の長さが短いほうが、リズムよく畳みかける感じで、聞き手もその気になってきて、「ウン、ウン」と思わず頷いてしまいます。

同書によるとこの映像における両者のSPM（Sentence per minute）は、ほぼ20〜50文です。最初からこのスピードを達成する必要はなく、まず目指すべきSPMは10（1分間に10文）ということです。動画の半分程度の発話率だと考えれば、安心することができますね。

いかがでしたでしょうか。動画を見て「これなら私にもできそうだ

● 答えのない世界

な」というイメージを掴んでいただくことはできたでしょうか？ビジネスシーンを振り返ってみると、日頃、日本語でも「理由は3つある」と頭の中をよく整理してからロジカルに話すようなことをしていなかったりします。日本語でもロジカルに話す習慣をつけないと、英語でいきなりロジカルに話すのは難しいということにも気づかされます。

〈ソース〉https://www.amazon.co.jp/dp/4492045996/ (pp.58 〜 60、211 〜 225)
『プロフェッショナル イングリッシュ：世界に通じる英語力』
（東洋経済新報社）

(『実践ビジネス英語講座』メールマガジン グローバルリーダーへの道 Vol.243、2015/03/26)

【Vol.156】超簡単「ハーバード式・5行エッセイ」の極意

・大前研一学長×ソレイシィ先生セッション

　実践ビジネス英語講座（PEGL）初級コースの講師でもあり、ハーバード大学経営大学院でMBAを習得した青野仲達氏によると、同ビジネススクールには、英語を母国語としない「非ネイティブ」の学生に対して「英語で生き抜く技術」を教えるプログラムが存在するのだと言います。同プログラムの狙いは「非ネイティブ」の学生が言葉の壁を越えて、円滑に授業に溶け込めるようにすることです。その最重要項目が「エッセイの書き方」です。ここで言う「エッセイ」とは、相手に対して伝えることを前提に「自分の考えを整理して書いたもの」を指します。本当に使える英語を学ぶための最も効率的で、最も有効な方法は「エッセイの書き方」を習得することだと、青野氏は同プログラムを受講して確信したと言います。今号では青野氏の著書『グローバル時代を生き抜くためのハーバード式英語学習法』（秀和システム）から、エッセイの書き方を紹介します。

ハーバード大学でも通用する「英語のエッセイ」といっても難しいことは何もなく、下のようにたった5行で軸を構成します。

　"I like summer best.（私は夏が一番好きだ。）
　The days are longer.（日が長い。）
　We can dress down.（楽な服装ができる。）
　I can travel with my family.（家族と一緒に旅行ができる。）
　My favorite season is summer.（私の好きな季節は夏だ。）"

　5行エッセイを書くためには「3つのルール」というものが存在します。

○ルール1：最初に結論を述べる（1行目）
　結論とは「要は何が言いたいか」です。「夏が好きだ」は明確に「自分の考え」を述べています。それに対して例えば「夏は暑い」はどうでしょう？一見すると結論のように見えますが、「自分の考え」を主張しているわけではありませんので、結論にはなりません。「状況を描写している」だけに過ぎません。状況を描写するのではなく、意見を主張するのが結論のコツだと青野氏は述べています。

○ルール2：理由を3つ挙げる（2〜4行目）
　結論を述べた後は次に、理由を挙げます。理由は結論を支える柱となるものです。誰かの意見を聞くと、人は「なぜ、そういう意見なのか？」と理由を知りたくなります。会話でもそうですし、文章を読む場合でも同じです。理由を挙げるときの数は3つが多すぎず、少なすぎずちょうどいいです。
　このときのコツは、考える段階では3つと言わず思いつく限り

の理由をなるべくたくさんリストアップしてみることです。その中から、最も説得力を持ちそうな理由を3つ厳選してください。同時に、それらの理由がお互いに「似ていない」ことが大切です。なるべく多面的な視点を提示することによって、エッセイの説得力が増します。

　上で挙げた理由は
　【理由1】：日が長い。
　【理由2】：楽な服装ができる。
　【理由3】：家族と一緒に旅行ができる。
　――と毛色が異なるものです。

そのほかにも、
・ビールがうまい。
・野球観戦ができる。
・虫捕りができる。
といった毛色が異なる理由が思い浮かびます。

○ルール3：最後に結論を繰り返す（5行目）
　次の作業は「結論を繰り返す」ことです。結論を繰り返す目的は「念を押すこと」です。結論を伝えることが最重要ですので、「話は聞いたが、結論は忘れた」ということになっては意味がありません。最初に述べた結論を「もう一度伝える」ことで万全を期しましょう。

　結論を繰り返す方法は二つあります。一つは反復です。最初の結論を文字通り、そのまま反復します。1行目が「I like summer best.」なら終わりも「I like summer best.」で締めくくります。これが最も簡単に結論を繰り返す方法です。もう1つの方法は「言

い換え」です。結論は同じなのですが（変えてはいけません）、言い方を換えます。「夏が一番好きだ」は「好きな季節は夏だ」と同じ意味です。最初の結論は次の文のように言い換えることができます。

「My favorite season is summer.（私の好きな季節は夏だ。）」

反復にするか言い換えにするかはどちらでも構いません。「最初は無理をせずに反復し、慣れてきたら言い換える」ことを青野氏は推奨します。これで、このたった5行のセンテンスでエッセイの骨格が完成しました。

5行エッセイを書く事に慣れてきたら、少し内容を膨らませてみましょう。5行エッセイで挙げた理由に証拠を付け加えます。理由は結論を支える柱でした。証拠はその理由を支える具体的な情報です。動かし難い事実や数字は絶好の補強材料となります。「なるほど、確かにそうか」と相手に対して納得させやすくなります。証拠の数は1つの理由について2つか3つくらいが適当です。最も説得力がある証拠を2つか3つ選んで下さい。証拠が1つしかないという状況は避けましょう。「理由の根拠はたったそれだけ？」と相手に思われてしまいます。

【理由1】〜【理由3】を補強する証拠を考えてみましょう。

【理由1】：The days are longer.（日が長い。）
《証拠1》：The sun rises before 6am.（日の出は朝6時前だ。）
《証拠2》：The sun sets after 7pm.（日没は夜7時過ぎだ。）

日の出と日没の時刻という具体的な定量情報を提示することに

よって、「日が長い」という理由を裏付ける証拠になります。

【理由2】：We can dress down.（楽な服装ができる。）
《証拠1》：We have a loose dress code at work.
（会社ではクールビズの制度がある。）
《証拠2》：We need neither coats nor jackets at home.
（家ではコートも上着もいらない。）

クールビズという制度やコートも上着が不要という具体例を挙げて「楽な服装ができる」という理由を補強しています。

【理由3】：I can travel with my family.（家族と一緒に旅行ができる。）
《証拠1》：Our firm encourages us to take two weeks off in summer.
（会社は2週間の休暇を夏に取ることを奨励している。）
《証拠2》：My children have no school in August.
（子供たちの学校が8月は休みになる。）

理由が「家族と一緒に」ですから、家族の構成員である「自分」と「子どもたち」を例に取り上げ、それぞれの休みが取れる事情を説明しています。会社で休暇が取れるという環境と学校が夏休みという状況を組み合わせて、「一緒に旅行ができる」という理由を補強しているというわけです。

いかがでしたでしょうか。核となるトピック・センテンスを上記の肉付けし、5行エッセイからスタートして発展させることができます。このようにA4判の紙を1枚で自分の考えを思う存分伝え

ることができるようになります。「どこから何を書き始めたらよいのか分からない」という時、みなさんもこのフレームワークをぜひ使ってみてください。

〈ソース〉http://www.amazon.co.jp/dp/4798043176（pp.6-7、pp.31-37、pp.118-127）
グローバル時代を生き抜くためのハーバード式英語学習法

(『実践ビジネス英語講座』メールマガジン グローバルリーダーへの道 2015/03/26)

(2) 異文化の壁を超える交渉テクニック

　われわれ日本人が最も苦手とも言える交渉術（ネゴシエーション）についてとりあげたいと思います。交渉術は、"相手との駆け引き"というニュアンスも含みます。交渉の具体的な仕方を、実践ビジネス英語講座・リーダーシップ力トレーニングコースで講師を務めるロッシェル・カップ氏の著書『外国人との交渉に成功するビジネス英語』（語研）から3回シリーズで紹介します。

第1回：交渉テクニック
第2回：なぜ、日本式交渉が外国人に通用しない（失敗する）のか
第3回：交渉における文化や国による違い

◎第1回：交渉テクニック

　第1回の今号は、具体的な交渉テクニックを紹介します。同書にはいろいろな交渉テクニックが掲載されているのですが、筆者（メルマガ）が交渉相手だと想定して交渉テクニックを使われた場合、「このやりと

● 答えのない世界

りは手ごわい」というものを選んでみました。

交渉術は自分が実際に使うかどうかは別として、相手が交渉術を使っているかどうかを察知できることは相手のペースに引き込まれないために重要なことです。

著者は、以下の（A）～（C）を念頭に置くことが大切であると述べています。

（A）自分に対してなんらかの交渉術の手法が使われた時、すぐに「交渉術の1パターン」であることが察知できること。
（B）敵対的ともとられる交渉術に関しては、あくまでも察知と対応に焦点をあてること。
（C）敵対的な交渉術に関しては、できるだけ、使用を控えること。

同書では18の交渉テクニックが紹介されています。
その中から①～③を紹介します。

① Deadline Negotiation（締切を設定する）

この交渉手法は、「いつまでに相手が行動しなければならない」という締め切りを設定することと、「その締め切りを絶対に厳守させる必要がある」——ということを強調するためのものです。

> "I have a conference call with Akira tonight. He will be interested in hearing what we have agreed on today."
> （今夜アキラさん※との電話会議があります。彼は、今日私たちが合意したことを聞きたがるでしょう）

※アキラさんは、上司、顧客、提携パートナーなど、交渉者双方にとって重要な立場に立つキーパーソンです。「アキラさんのようなキーパーソンも締め切りが厳守されるかどうかを注目している」という

ことを間接的に相手に伝えます。「仮に、締め切りに遅れたら、交渉者双方だけでなく、アキラさんの知るところになります、それは具合悪い」でしょ？というプレッシャーを相手に与える効果があります。

② Bluffing Negotiation（ハッタリをきかせる）

交渉相手に対してハッタリをきかせることで、望ましい交渉成果を得ようとする交渉手法です。この手法は大げさに言ったり、悪意の無い誇張を用いて、相手の考えに影響を及ぼそうというものです。

例えば、自分が不動産を売る側の場合は、その物件に興味を持っている人がほかにもいることをほのめかします。自分が買う側の場合は、同じものを売っている他社とも話しをしていることを伝えます。そうすることで、相手に不安を与えます。

"This kind of home will not last for long in the market.
（このような住宅物件はすぐに買い手がついてしまいますよ)"

上の売り手のBluffingに対して買い手もBluffingで返す例です。

"Well, I like this place, but I have just had an offer of a similar house at a much lower price.
（なるほど、この住宅物件は気に入りましたが、実は同じような住宅物件の紹介を既に受けていて、ずっと低い価格を提示されているのです)"

Bluffingを用いることに決めたら、自信を持って主張します。口調にためらいがあると、ハッタリだとばれてしまうことがあります。

③ Purposeful Questions（目的に応じて質問を工夫する）

交渉の目的を達成するために、質問の繰り出し方を「相手の返事がこうだった次はこう質問しよう」とあらかじめ考えておくことです。イメージは悪いかもしれませんが、誘導尋問と似ていると思います。うまく"誘導尋問"することで、相手の考えを自分が望んでいる方向に導くことができます。質問の仕方ひとつで、交渉の成果は驚くほど変わるのだと本書では述べています。

　具体例を見てみましょう。あなたはある企業の営業職を希望しているとします。採用面接を受けることになりましたが、交渉したい点が2つあるとします。ひとつはフレックスタイムで働くこと。もうひとつは、週2～3日は在宅勤務にすることです。みなさんでしたら、どのように攻めますか？

　同書では交渉にあたり、あらかじめ作戦を練って決めておくことが大切だと言います。いきなり直球の質問を投げてしまうと、話し合いの幅や奥行きが狭まってしまいます。Yes／Noの回答を促すような質問をした場合、Noと言われてしまったら、そこで行き詰まって、先へ進めなくなってしまいます。

　例えば

"Does your company offer flexible working hours?
（貴社はフレックスタイム制がありますか）"

と交渉の初期段階で質問したとします。そこでNoと言われてしまったら、交渉の次の段階へ進むのが難しくなります。まずは情報を得るための質問をすることで、相手がどのような反応に出るかを探ってみましょう。相手の出方によって、次の作戦を考えます。直球型の質問ではなく、こう質問したら相手はどう答えるでしょうか。

"What is more important to you — that the salesperson is in the office

40 hours a week, or that he or she increases sales?
(貴社にとって、営業担当者が週40時間オフィスで仕事をするのと、実際に売上げの数字を上げるのとでは、どちらが重要ですか)"

売上を伸ばす能力こそが今の会社にとって重要なことであることをお互いに理解できたとします。交渉者はそのような能力を持っていて、実績もあるので、会社にとって必要な人材であることも明確に説明済みだとします。本題に戻って、こう質問します。

"Can we talk more about flextime? Do your salespeople have to be in the office from nine to five?
(フレックスタイムについて話を進めてもよいでしょうか。営業担当者は朝9時から午後5時までオフィスにいる必要がありますか)"

最後に、もうひと押しの時に備えて、交渉の切り札も準備しておくのが効果的です。

"If I could guarantee an increase in your sales volume, would you be willing to consider more flexible working hours?
(売上高を伸ばすと保証できれば、もっと柔軟な勤務時間を考慮していただけますか)"

いかがでしたでしょうか。

交渉相手となかなか合意に至らない場合があります。その場合も冷静に質問を繰り返しましょう。そうすることで相手から情報を引き出すことができます。聞き上手であることが大切です。注意深く聞いていることが相手に伝われば、相手も心を開いて、質問者が求める情報を教えてくれるものです。同書によると、交渉の成否の3／4は、「聞き方」にかかってくるのだと言います。聞き上手であることを交渉に利用して、

〈ソース〉http://www.amazon.co.jp/dp/4876152322（pp.68 ～ 81）
外国人との交渉に成功するビジネス英語（語研）

(『実践ビジネス英語講座』メールマガジン グローバルリーダーへの道 Vol.161、2015/04/27)

◎第 2 回：なぜ、日本式交渉が外国人に通用しない（失敗する）のか

　第 2 回は、日本式交渉の何が問題なのかを紹介したいと思います。大きくは次の二つ（A）コミュニケーションスタイルと（B）日本企業の組織的な特徴に関連する問題があります。ここでは（A）コミュニケーションスタイルから問題点を紹介しましょう。

①【問題点】No を直接言わない、言えない

　日本人は間接的なコミュニケーションスタイルを持っています。そのため「No」とはっきり言うことに心理的な抵抗を覚えます。同書でこの記述を読んだときに、筆者（メルマガ）にも思い当たって反省することがありました。家の一部改築をしたがっている配偶者（日本人ですが）から何度かそれについての相談されているものの、筆者は今のところはそのつもりがありません。ところが「No」とはっきりいう事がなかなかできません。「No」と言いたくはないけれど「こちらの表情や態度で『No』であることを相手には悟って欲しい」という気持ちが働いているのは確かです。相手にとっては No であっても「はっきり言って欲しい」、そのほうが「誤解したり、時間を無駄にしたりせず済む」という点は交渉相手が外国人に限りませんね。

　【対策】否定的なことをはっきり言うことによって人間関係がぎくしゃくするのではないかと懸念してしまいます。実はその逆のことが多いというのが実態です。特にビジネスでは、否定的なことを直接言わないために混乱や誤解が生じ、その結果として相手

との信頼関係にひびが入ります。

②【問題点】賛成の意味ではない「Yes」

日本人の私たちは、「うん」といううなずきの軽い気持ちで「Yes」という英単語が無意識に口をついて出てしまうことがあります。日本人からすると、そのときの「Yes」は Yes, I heard you（はい、あなたの言っていることを聞きました）や Yes, I understand your point（はい、あなたのポイントは理解しています）の後ろの文の省略です。しかしながら、外国人からすれば Yes はあくまで賛成も意味するものであると著者は述べています。

例えば、外国人従業員との賃上げ交渉の席で、相手の賃上げを求める理由の説明に対して、うなずきの軽い気持ちで「Yes」と口をついて出てしまうのは、賃上げに対して賛成であると受け止められてしまう恐れがあります。

> 【対策】賛成しない場合は Yes と言わないようにします。また、相手の話を頷きながら聞いた後には、誤解を避けるためにも、自分の意見を言葉で伝えるほうが良いでしょう。

③【問題点】あいまい

日本では言葉ですべてを伝えようとするよりも、顔の表情や声の調子、ボディランゲージなどの非言語的コミュニケーションによって言いたいことを伝えようとします。ことばを使わなくても「阿吽の呼吸」「腹芸」「以心伝心」などによってお互いの言いたいことを伝えようとします。(1)で筆者（メルマガ）の経験例を紹介しましたが、外国人に対しても、同じように「この人なら『阿吽の呼吸』『腹芸』『以心伝心』がひょっとしたら通じているのではないか」という甘えた期待を抱いてはいないでしょうか？決して通じません。

【対策】外国人と効果的にコミュニケーションを取るためには、自分が考えていることをできるだけ言葉で表現する努力が必要です、それにはもちろん英語力も伴います。著者は、相手が表情やボディランゲージで理解してくれるということを期待すべきではないと述べています。

④ 【問題点】口数が少ない

いろいろな国の人が集まって話している席の中で、日本人はおとなしい傾向があります。言いたいことがあっても、英語の会話の中でどのタイミングでそれを言ったら良いのかと迷ってしまいます。速いペースで流れる英語の会話に割って入るのは容易ではありません。「この話が一段落したら、割ってはいろう」とタイミングをうかがっているうちに、まったく別の話題に変わってしまった。あるいは時間切れでお開きになってしまった——という経験はないでしょうか。

【対策】思い切って会話に割り込むしかありません。会話を遮るのをおそれてはいけません。日本ではほかの人が発言しているときにそれを遮るのは失礼にあたりますが、米国などカジュアルな文化では、人の発言を遮ることは大した問題ではありません。発言する機会が与えられるのを待つのではなく、自分で作らなければなりません。

⑤ 【問題点】沈黙

日本人はコミュニケーションの中で沈黙を頻繁に利用します。相手の発言について考えたり、次の発言を用意するためです。ところが、英語のコミュニケーションでは、沈黙はめったに訪れないと著者は述べています。沈黙するということを否定的に捉えるため、日本人の"悪気の無い沈黙"を「何かうまくいっていないのでは？」と不安になるのだそうです。沈黙を恐れて無理して何か言おうとしてしまうと、言わなくても

いいことまでついしゃべってしまうことがあるかもしれません。無理してしゃべるくらいなら、沈黙する時間を1分でもくれるように話し相手にはっきりと言いましょう。

　【対策】会話の中ではなるべく沈黙を作らないようにします。頭の中を整理するのに時間が必要なときは、沈黙して考える時間をくれるように話し相手に説明するようにしましょう。

⑥【問題点】アイコンタクトの欠如
　日本人を相手に話すとき、相手の目を見ながらではなく、ネクタイの結び目あたりに視線を置くことをすすめるマナーを教わった経験が著者（メルマガ）にはあります。欧米ではアイコンタクトを重視しますので、視線をしっかりと合わせます。もっと大事なことですが、人のことを聞きながら目を閉じることは避けましょう。深く考えたり、集中したいときに目を閉じて、視覚からの雑音をシャットダウンすることがあります。耳からの英語に集中しようとして、視覚をわざとシャットダウンした経験はないでしょうか。欧米人の話し手にとっては非常に失礼にうつります。「そんな話は興味がない」というシグナルと解釈されてしまうからです。

　【対策】自分が話す場合も聞く場合も、相手の視線から目をそらすことなく、しっかり相手の瞳を見る努力をしましょう。相手の話を聞く時、目を閉じながら聞くことは避けましょう。

　〈ソース〉http://www.amazon.co.jp/dp/4876152322（pp.40〜51）
　外国人との交渉に成功するビジネス英語（語研）

（『実践ビジネス英語講座』メールマガジン グローバルリーダーへの道 Vol.162、2015/05/1）

◎第3回：交渉における文化や国による違い

　第3回は、交渉に影響する国民性や文化的な側面について解説します。「文化的な側面」というと日本人は比較的慣れ親しんでいる「欧米的」か、その他の「非欧米的」かという単純化した構図でつい考えてしまいがちですが、実際は複雑です。国別差だけでなく個人差も大きいのですが、同書では大胆に国別の特徴をとらえています。同書が比較している軸は以下の①〜⑧です。

①コミュニケーションスタイル（直接 vs 間接）

　日本は間接的なコミュニケーションスタイルを持つ文化と思っている読者の方も多いと思います。しかし、世界の中には、日本よりももっと間接的な文化があります。東南アジアや中近東やアフリカなどです。そのような文化を持つ人たちは、こちらが強い発言で押せば相手が引き下がって表面的に妥協したように見えます。しかし、相手が侮辱を感じたり気を悪くしたりすれば、表向きは交渉に合意しても実際には協力しないということもあります。間接的なコミュニケーションスタイルを持つ文化に属する人たちは表向きは譲歩しがちに見えるため、こちらが強く出れば強引に進めることができるように錯覚してしまいます。

　しかしこれは実際には効果的な交渉方法とは言えません。同書では「日本人が東南アジアの人と仕事する場合に頻繁に起こる」と指摘しています。欧米人も日本人に対して同じような印象を受けているのではないでしょうか。

②コミュニケーションスタイル（言語的 vs 非言語的）

　同書によると例えば中国人は言語への依存度が大きいコミュニケーションスタイルを持っている文化です。交渉する時、日本人は相手の真意を誤解しやすいので注意する必要があると言います。このような

文化の人はよくしゃべり、自己主張も強いので、日本人から見ると彼らのコミュニケーションスタイルは欧米人と同じように思えることがあります。そのため、多くの日本人は、中国人が欧米人と同じように直接的なコミュニケーションを好むものだとつい誤解してしまいます。しかし、実際には彼らは間接的なコミュニケーションスタイルを持っているので、彼らに欧米人との交渉で使うような直接的な表現を使うと失礼にあたります。筆者(メルマガ)は中国語を学習していたときに、褒められた時は「褒めていただいて、ありがとうございます」と素直に答えるのではなく、「そういう時は謙遜して『そんなことはないです』という受け答えをしなければならない」と教えられたことを思い出します。

③時間に対する価値観の違い(スピード重視 vs 重視しない)

例えばメキシコ人やブラジル人は時間の感覚がゆったりしています。会議は決まった時間に始まらないかもしれません。会議が延期されたりキャンセルされたりすることも珍しくありません。また、締切日や日程を厳守しなければならないという意識が薄く、フレキシブルと考えています。したがって交渉には時間がかかり、何回も交渉を重ねる必要があるので、忍耐力が必要です。そんな時でも、メキシコ人を急がせるのは得策ではありません。

④意思決定の方法(トップダウン式 vs コンセンサス重視)

ロシア企業や韓国企業やインド企業はトップダウンによる意思決定の文化を持っており、組織内の地位を重視します。そのため、地位の上の者が交渉に直接関わることを望みます。ロシア人や韓国人の下の地位の人が提案を受ける場合、組織の上層部に確認する必要があるため、回答は遅れがちです。

⑤フォーマル度(フォーマル vs カジュアル)

ドイツ人との交渉の席はフォーマルな雰囲気になります。少人数での打ち合わせの場合は、多少リラックスできるかもしれません。堅苦しい雰囲気を解こうと冗談を言うのは避けるほうが良いでしょう。「その場の空気を読めていない」と思われてしまうおそれがあります。

　交渉の席でイギリス人も、フォーマルで毅然とした態度を示します。フレンドリーな態度で接するのは良いのですが、世間話はなるべく控え、個人的なことはあまり話さないほうが良いでしょう。

⑥人間関係の重視（人間関係重視 vs 任務遂行重視）

　インドには人間関係を大切にする文化があります。ビジネスでは、既に面識がある人との取引を優先します。交渉相手がインド人の場合、まずは人間関係を構築することが最も重要です。しかし、交渉過程では、日本や中国のように宴会や夜の飲み会はそれほど積極的には行いません。同書では、反対にドイツやデンマークなど任務遂行に重きを置く国では、すぐに具体的な仕事の話に入った方がスムーズなコミュニケーションを築くことができると解説しています。

⑦取引の継続性（長期的取引 vs 短期的取引）

　日本企業は安定して長期的な取引を好み、一度まとめた取引は長期的に継続する傾向があります。一方、取引は短期的であることを前提とする米国企業のような文化もあります。このような文化では、継続的な取引は期待されていないので、より良い条件を提示する競合企業があれば、そちらに乗り換える可能性が高くなります。そのため交渉は"勝つか負けるか"になりがちです。

⑧変化に対する態度（変化を好む vs 変化を好まない）

　欧州や中南米、アフリカの文化は昔からの慣習や伝統を大事にして、できるだけ現状を維持しようとします。対照的に、米国や韓国に代表されるように変化を好み、新しいことをどんどん取り入れようとする文化

もあります。

〈ソース〉http://www.ohmae.ac.jp/ex/english/campaign/leadership/
外国人との交渉に成功するビジネス英語（語研）
http://www.amazon.co.jp/dp/4876152322（pp.23 〜 38、71、88、114、116、125、141、177、190、208、235）
リーダーシップ力トレーニングコース

(『実践ビジネス英語講座』メールマガジン グローバルリーダーへの道 Vol.163、2015/05/7)

あとがき

今回私は、読者各位の子どもの教育に関する未来への選択をテーマに第2章の執筆を担当しました。

本書の題名どおり、答えの見えないこれからの世界、「〜分野を将来のために勉強すべきだ」と言い切ることはそう容易ではありません。しかし、どんな世の中になっても、何を学ぶにしても、BBTのビジョンにも掲げられているライフタイム・エンパワーメント（LTE）＝学び続ける力は、生涯にわたってその子に力を与える源だと思います。

第2章では、そんな学び続ける力を身につけるためのヒントを、教育の世界での研究や国際バカロレアの体系を通じて紹介させていただきました。このあとがきでは、2章では書ききれなかった、（皆さんのそしてお子さんの）LTE＝学び続ける力を阻む3つのわな、について簡単に紹介したいと思います。イノベーション理論を参考にしつつ、BBT大学やアオバでの経験、そして自らの子育て経験を通じて感じたもので、特段目新しい内容ではありませんが、予め整理して意識いただくことで、わなにはまることを防ぐことができるかもしれません。

1つ目のわなは、「死の谷」と呼びます。これは、あることを学ぶ、または学ばせたいときに、学習者にとって難しすぎる、基礎知識が不足している、使い方が分からない、といった理由で取り組む前から挫折するというものです。身近な例では、マニュアルが分かりづらくてパソコンを使いこなせない、水の中でいきなりおぼれてしまい以後水泳には取り組めない、といったものです。このわなは、最初の導入時の大切さを教えてくれます。

2つ目のわなは、「ダーウィンの海」です。これは、受験勉強や出世競争など、弱肉強食の世界で消耗しながら学び続けるものの、擦り切れてしまい、以後学ぶことをやめてしまうことです。学びが本人にとって知的好奇心に基づくものではなく、やりたくないけど仕方なくやっているもの、強制されている気持ちを持ちながら行っているものであった場合、ダーウィンの海でおぼれてしまう可能性が高くなります。人生の中で何度か、集中して学ばなければならない時期はあるとしても、知的好奇心を刺激するアプローチをなるべく選択してあげたいと思います。

最後のわなは、「誘惑の島」。学びは本来楽しいものであったとしても、学びより楽しいことはやはりあるわけで、誘惑に負けて、より楽しいことに学びの時間が奪われていきます。子どもが小さいうちは、誘惑の島を避ける道案内をしてあげるのも大切かもしれません。

この本を手に取られた方の多くは、自己啓発や学びに多少なりとも興味があり、今も学び続ける意欲のある、人よりも大きなLTEをお持ちの方だと思います。そんな皆さんも、なぜ大きなLTEをお持ちかというと、充実した学びの体験が多くあったからではないかと思います。それはMBAや留学で集中して学んだことかもしれないし、仕事を通じて多くを学び成長した経験かもしれません。または、幼稚園の学芸会の練習の記憶や、初めて自主的に探究を深めた小学校の自由研究かもしれません。

そんな充実感に満ちた学びを少しでも多くの次の世代に体験してもらい、ライフロング・ラーナーとなってもらうことが、我々教育関係者の責務だと考えています。

2017年2月

アオバジャパン・インターナショナルスクール（AJIS）／アオバジャパン・バイリンガルプリスクール（AJB）　宇野 令一郎

大前研一通信

大前研一の発信が凝縮した 唯一の月刊情報誌

大前研一通信は、最新のビジネスに直結するテーマはもちろん、政治・経済・家庭・教育の諸問題からレジャーまで、様々な記事を網羅し、各方面の読者の皆様から「目から鱗」と多くの支持をいただいている大前研一の発言や論文をまるごと読むことができる唯一の会員制月刊情報誌です。

「PDF版」、「送付版」、「PDF＋送付版」の3つの購読形態があり、ネットで参加出来るフォーラム「電子町内会（エアキャンパス）」のご利用も可能。特にPDF会員の方には、エアキャンパス内での記事速報もご覧いただけます。

激動するビジネス・社会の諸問題に鋭く切り込み、ブレークスルーする処方箋まで具体的に提示する記事など、これからの激変する時代の羅針盤として、まずは「大前研一通信」のご講読をお勧めします！

大前研一流の思考方法をゲット！

サービス内容／購読会員種別		PDF会員	送付会員	PDF+送付会員
大前研一通信 (お届け方法)	PDF版ダウンロード **5日発行**にて専用URLに**UP**	○		○
	印刷物 **10日発行**		○	○
エア・キャンパス AirCampus	・大前研一通信記事紹介閲覧(PDFデータ等での) **速報**	○		○
	・フォーラム参加（ディスカッション参加・閲覧）	○		○
	・ニュース機能 (**RSS**リーダーで情報を入手）	○		○

◎ スマートフォン他、携帯端末でも気軽に読める

【大前研一通信デジタル(Lite)版】＊関連映像が見れる！（動画版もあります）

■ ＊ Newsstand、＊ Fujisan.co.jp、雑誌オンライン：（年間、単月購読）
■ Kindle版、Kobo版、自己ガク：（単月購読）

＊デジタル(Lite)版では、著作権等の都合により、送付版、PDF版に掲載される記事が一部掲載されないページがある場合がございます。

◎大前通信を手にとったことがない貴方へ

数量限定で無料サンプルをお届けする〈数量限定〉のお試しプログラムも実施中！

掲載記事の一部や上記の関連情報を下記でご覧になれます。

大前通信の情報誌	http://www.ohmae-report.com
フェイスブック	https://www.facebook.com/ohmaereport
大前通信書籍	http://keigan.info 【電子書籍も要チェック】

大前研一通信

http://www.ohmae-report.com/

■お申し込み・お問い合わせ先
大前研一通信事務局　〒102-0084 東京都千代田区二番町3番地 麹町スクエア 2F

フリーダイヤル
0120-146-086　FAX:03-3265-1381
E-mail：customer@bbt757.com

オンラインでビジネス英会話

BBT Online
結果が出せる、ニュアンスが伝わる。

ビジネスに特化したカリキュラムで
グローバル化社会に対応できる英語スキルを持った人材を育成します。

Curriculum
優れた英会話カリキュラム

ビジネスの現場で相手を動かす事が出来るコミュニケーション力の向上を目指します。教材は、ビジネスシーン毎に設計され、教材は、BBT大学や実践ビジネス英語講座で培われたノウハウを総結集し、オンラインでのレッスン用に新たにカリキュラムとそれを有効化するシステムを開発しました。

Professionals
プロの講師陣

グローバルビジネス経験とホスピタリティのある正社員の講師たちが、学習への不安を払拭し、個々に合ったレッスンを行っています。全員がオフィス勤務という目の行き届きやすい環境で、トレーナーによる定期的な研修・指導も実施しています。

Effectiveness
効果的な学習

10段階に細かく分かれたレベルと定期的なレビューレッスンで、レベルアップを図ります。予習・復習ツールとして、教材はもちろん、ネイティブによる教材の会話録音がダウンロードでき、レッスンとの相乗効果を高めます。

Convenience
利便性

オンラインですので、場所と時間を選ばず、会社でもご自宅でも、休日も祝日もレッスンをお受けいただけます。予約は24時間、レッスンの10分前までウェブで受付け、毎回お好きな講師を選べます。レッスンは深夜11時30分迄と、とても便利です。

Business
ビジネスコース
日常的なビジネスシーンでの英会話を学習したい方

- ビジネスコースのトピックス（一例）
人を描写する／プレゼンを始める
プレゼンを締めくくる
同僚を紹介する／話題の転換
人を褒める／提案をする 他

Management
マネジメントコース
組織運営や経営の環境で役立つ英語力を伸ばしたい方

- マネジメントコースの領域
部下のマネジメント／勤務評価
部門間折衝／対外交渉
緊急事態対応／専門領域
心理的葛藤

まずは、無料体験から！

㈱ BBT オンライン

〒 102-0084 東京都千代田区二番町３番地　麹町スクエア　TEL:03-5860-5578　http://bbtonline.jp/

No.1 ビジネス・コンテンツ・プロバイダー
株式会社ビジネス・ブレークスルー

大前研一総監修の双方向ビジネス専門チャンネル（http://bb.bbt757.com/）
　ビジネス・ブレークスルー（BBT）は、大前研一をはじめとした国内外の一流講師陣による世界最先端のビジネス情報と最新の経営ノウハウを、365日24時間お届けしています。10,000時間を超える質・量ともに日本で最も充実したマネジメント系コンテンツが貴方の書斎に！

■ JCQ バイリンガル幼児園　（晴海キャンパス、芝浦キャンパス）
　日本語／英語のバイリンガル教育と世界標準（国際バカロレア認定候補校）の教育を提供する幼児園。探究型学習で好奇心旺盛な自立した子どもを育成します。1歳からお預かり可能。
　晴海キャンパス TEL：03-6228-1811 URL：http://www.jcq.jp/
　芝浦キャンパス TEL：03-6809-5664　URL：http://www.jcq.jp/shibaura/

アオバジャパン・バイリンガルプリスクール
　2016年9月、新宿区に新規開校。バイリンガルな環境で英語コミュニケーション力、創造力、自己表現力を1歳から身につけます。無限の可能性で世界に触れよう。
　TEL：03-6385-2818　E-mail：waseda@aoba-bilingual.jp　URL:http://www.aoba-bilingual.jp/

アオバジャパン・インターナショナルスクール　100％英語環境と国際標準のカリキュラムを提供
　国内5番目の国際バカロレア一貫校。幼小中高を通じて世界標準の教育を提供しています。BBTで学んでいる論理的思考、グローバルマインド、リーダーシップを幼少期から自然に身につけます！
　TEL:03-5860-5585　URL：http://www.aobajapan.jp/

ビジネス・ブレークスルー大学　経営学部　〈本科　四年制／編入学　二年制・三年制〉
　社会人8割。通学不要・100％オンラインで学士号（経営学）を取得できる日本初の大学！日本を変えるグローバル人材の育成！
　TEL:0120-970-021　E-mail：bbtuinfo@ohmae.ac.jp　URL：http://bbt.ac/

公開講座
◆**問題解決力トレーニングプログラム**　大前研一総監修　ビジネスパーソン必須の「考える力」を鍛える
　TEL：0120-48-3818　E-mail：kon@LT-empower.com　URL：http://www.LT-empower.com/
◆**資産形成力養成講座**　世界経済の流れを把握し、成果の出せる資産運用"実践スキル"を学ぶ！
　TEL：0120-344-757　E-mail：shisan@ohmae.ac.jp　URL：http://www.ohmae.ac.jp/ex/asset/
◆**実践ビジネス英語講座**　たとえブロークンでも仕事で結果が出せる！新感覚ビジネス英語プログラム
　TEL：0120-071-757　E-mail：english@ohmae.ac.jp　URL：http://www.ohmae.ac.jp/ex/english/
◆**リーダーシップ・アクションプログラム**　大前研一の経験知を結集した次世代リーダー養成プログラム
　TEL：0120-910-072　E-mail：leader-ikusei@ohmae.ac.jp URL：http://www.ohmae.ac.jp/ex/leadership/

ビジネス・ブレークスルー大学大学院　（経営管理専攻　学費最大96万円支給　教育訓練給付制度対象）
◆**本科生（MBAプログラム）**　オンラインでMBA取得！「稼ぎ続ける」実践力を成就する！
◆**単科生（科目等履修生）**　MBA科目を最短2ヶ月から学べる！
　TEL:03-5860-5531　FAX：03-3265-1382　　検索キーワード：「BBT大学院」

ボンド大学大学院ビジネススクール　BBT グローバルリーダーシップMBAプログラム
　2年間で海外の正規MBAを取得可能！～国際認証 AACSB & EQUIS 取得！世界標準のマネジメントスキルを学ぶ～
　TEL：0120-386-757　E-mail：mba@bbt757.com　URL：http://www.bbt757.com/bond/

大前研一のアタッカーズ・ビジネススクール
　起業・新規事業立上げに特化した実践型プログラムを通学講座・通信講座で学ぶ！設立20年の歴史を持ち、受講生6,100名突破、810社起業（内11社上場）。
　TEL：0120-059-488　http://www.attackers-school.com/

大前経営塾
　経営者や経営幹部が新時代の経営力を体系的に身につけるための大前流経営道場
　TEL：03-5860-5536　E-mail：keiei@bbt757.com　URL：http://www.bbt757.com/keieijuku/

BBT X PRESIDENT EXECUTIVE SEMINAR
　ATAMIせかいえで年に4回開催される大前研一他超一流講師陣による少人数限定エグゼクティブセミナーです。
　TEL：03-3237-3731　E-mail：bbtpexecutive@president.co.jp　URL：http://www.president.co.jp/ohmae

お問い合わせ・資料請求は、TEL：03-5860-5530 URL：http://www.bbt757.com/

大前研一通信 特別保存版シリーズ

世界への扉を開く"考える人"の育て方 (大前研一通信特別保存版 Part. IX)
ISBN978-4-9902118-7-5、四六判 240 頁、2016/3/18、定価（本体 1,300 円＋税）
グローバルな思考ができる人材育成に必須な国際バカロレア（IB）教育を紹介。

グローバルに通用する異能を開花する (大前研一通信特別保存版 Part. VIII)
ISBN978-4-9902118-6-8、四六判 224 頁、DVD 付き、2015/2/13、定価（本体 1,500 円＋税）
世界に通用する能力を開眼させるために、自身が、我が子が、必要なことは何かを提言。

挑戦〈新たなる繁栄を切り開け！〉(大前研一通信特別保存版 Part. VII)
ISBN978-4-9902118-5-1、四六判 211 頁、DVD 付き、2013/10/25、定価（本体 1,500 円＋税）
日本のビジネスパーソンに著しく欠如している世界に挑戦する「気概」を鼓舞。

進化する教育 (大前研一通信特別保存版 Part. VI)
ISBN978-4-905353-92-8、四六判 213 頁、DVD 付き、2012/11/16、定価（本体 1,500 円＋税）
世界に飛躍する人材育成を提示し、進化する「学び」のスタイルを公開した書。

警告〈目覚めよ！日本〉(大前研一通信特別保存版 Part. V)
ISBN978-4-905353-22-5、四六判 180 頁、DVD 付き、2011/11/11、定価（本体 1,500 円＋税）
危機迫る世界経済における新生日本に向けて放った5つの警告とは何か。

慧眼〈問題を解決する思考〉(大前研一通信特別保存版 Part. IV)
ISBN978-4-930774-84-2、四六判 192 頁、DVD 付き、2010/11/12、定価（本体 1,500 円＋税）
隠れた真実を見抜き、問題を発見して解決する実践的思考法を公開、伝授。

パスファインダー〈道なき道を切り拓く先駆者たれ!!〉(大前研一通信特別保存版 Part. III)
ISBN978-4-930774-49-1、四六判 160 頁、DVD 付き、2009/12/4、定価（本体 1,500 円＋税）
答えの見えない時代を突き抜けるための「学び」を凝縮したメッセージ集。

知的武装 金言集 (大前研一通信特別保存版 Part. II)
ISBN978-4-930774-11-8、四六判 192 頁、2008/11/18、定価（本体 1,000 円＋税）
社会を生き抜くために、全てのビジネスパーソンに贈る珠玉のメッセージ。

マネーハザード金言集 (大前研一通信特別保存版 Part. I)
ISBN978-4-930774-05-7、四六判 124 頁（2 冊セット）、2007/11/12、定価（本体 800 円＋税）
日本人が資産形成に目覚め、国に頼ることなく自衛するためのバイブル書。

ビジネス・ブレークスルー出版
〒102-0084 東京都千代田区二番町3番地　麹町スクエア 2F　TEL 03-5860-5535　FAX 03-3265-1381

◎編著者プロフィール
大前 研一（おおまえ けんいち）

1943年、北九州市生まれ。早稲田大学理工学部卒業。東京工業大学大学院で修士号、マサチューセッツ工科大学大学院で博士号を取得。経営コンサルティング会社マッキンゼー＆カンパニー日本支社長、本社ディレクター、アジア太平洋会長等を歴任。94年退社。96～97年スタンフォード大学客員教授。97年にカリフォルニア大学ロサンゼルス校（UCLA）大学院公共政策学部教授に就任。

現在、株式会社ビジネス・ブレークスルー代表取締役社長。オーストラリアのボンド大学の評議員（Trustee）兼教授。

また、起業家育成の第一人者として、2005年4月にビジネス・ブレークスルー大学院大学を設立、学長に就任。02年9月に中国遼寧省および天津市の経済顧問に、また2010年には重慶の経済顧問に就任。04年3月、韓国・梨花大学国際大学院名誉教授に就任。『新・国富論』『平成維新』『新・大前研一レポート』等の著作で一貫して日本の改革を訴え続ける。

『「一生食べていける力」がつく大前家の子育て』（PHP研究所）、『老後不安不況」を吹き飛ばせ！』（PHPビジネス新書）、『低欲望社会』、『君は憲法第8章を読んだか』（小学館）、『日本の論点2017～18』（プレジデント社）、『テクノロジー4.0』（KADOKAWA）など著作多数。

企画・編集	小林豊司（大前研一通信・AJIS）
	宇野令一郎（AJIS、AJB）／板倉平一（AJIS）
ブックデザイン	霜崎穂奈美
本文デザイン・DTP	小堀英一
寄稿・掲載協力	坪谷ニュウエル郁子／Nozomi Senga／Maria Llaban／
	藤島あきつ／杉下裕樹／柴田巌／望月由起／
	大石納梨子（翻訳協力）
出版協力	伊藤泰史／政元竜彦／門屋智／小沢子／石渡諭／
	清水愛／吉永友恵／野底稔／山口夏紀／小熊万紀子／
	袴田久美子／馬場隆介／大枝章吾

答えのない世界～グローバルリーダーになるための未来への選択～
大前研一通信・特別保存版 Part. X

	2017年3月10日　初版第1刷発行
編著者	大前 研一／ビジネス・ブレークスルー出版事務局
発行者	株式会社ビジネス・ブレークスルー
発行所	ビジネス・ブレークスルー出版
	東京都千代田区二番町3番地
	麹町スクエア2F（〒102-0084）
	TEL 03-5860-5535　FAX 03-3265-1381
発売所	日販アイ・ピー・エス株式会社
	東京都文京区湯島1-3-4（〒113-0034）
	TEL 03-5802-1859　FAX 03-5802-1891
印刷・製本所	株式会社シナノ

© Kenichi Ohmae　2017　printed in Japan
ISBN978-4-9902118-8-2